Daniel Krasa

Avant-propos

Riches de 180 exercices, les 19 chapitres de ce cahier vous permettront d'acquérir les fondamentaux de la langue arabe.

Après avoir révisé l'écriture en utilisant la vocalisation, nous aborderons les bases de la grammaire : des cas grammaticaux à la négation, en passant par les substantifs, adjectifs, pronoms personnels, démonstratifs, relatifs et verbes. L'essentiel des points importants du système verbal arabe est traité : la conjugaison à l'accompli, l'inaccompli et l'apocopé, ainsi que l'impératif.

Après une présentation synthétique, mais précise, d'un point de grammaire ou de déclinaison, des exercices ludiques vous seront proposés pour les mettre en pratique. Le vocabulaire nécessaire pour comprendre et faire les exercices est fourni dans des banques de mots.

Enfin, ce cahier vous permettra d'effectuer votre autoévaluation : après chaque exercice, dessinez l'expression de vos icônes (☺ pour une majorité de bonnes réponses, 😐 pour environ la moitié et ☹ pour moins de la moitié). À la fin de chaque chapitre, reportez le nombre d'icônes relatives à tous ces exercices et, en fin d'ouvrage, faites les comptes en reportant les icônes des fins de chapitres dans le tableau général prévu à cet effet !

Sommaire

1. L'écriture 3
2. La vocalisation 10
3. La racine 16
4. L'article 20
5. Le nom et l'adjectif 23
6. Le pluriel 30
7. Les cas grammaticaux 40
8. Les pronoms personnels 50
9. Démonstratifs et relatifs 64
10. Les interrogatifs 70
11. Le verbe : généralités 74

12. Le passé (l'accompli) 76
13. Les irrégularités de l'accompli 80
14. Le présent (l'inaccompli) 92
15. Les irrégularités de l'inaccompli 98
16. Le futur 107
17. L'inaccompli apocopé 110
18. L'impératif 113
19. La négation 116
Solutions 122
Tableau d'autoévaluation 128

1. L'écriture

Ce cahier d'exercices s'adresse à toute personne s'engageant dans l'apprentissage de la langue arabe et de sa grammaire. Par conséquent, l'écriture n'est pas la cible centrale de cet ouvrage.

Avant de commencer, nous vous conseillons de revoir les bases de l'écriture : le cahier d'écriture *Arabe – Les bases* d'Assimil traite pas à pas toutes les lettres.

L'alphabet arabe

Les vingt-huit lettres peuvent prendre des formes différentes en fonction de leur place dans le mot et de la lettre qui suit. Pour vous permettre de réviser, voici la forme isolée, initiale, médiane et finale de chaque lettre, ainsi que la transcription utilisée.

Finale	Médiane	Initiale	Isolée	Nom et translittération
ـا	ـا	ا	ا	alif : â
ـب	ـبـ	بـ	ب	bâ' : b
ـت	ـتـ	تـ	ت	tâ' : t
ـث	ـثـ	ثـ	ث	thâ' : th
ـج	ـجـ	جـ	ج	jîm : j
ـح	ـحـ	حـ	ح	hâ' : h
ـخ	ـخـ	خـ	خ	khâ' : kh
ـد	ـد	د	د	dâl : d
ـذ	ـذ	ذ	ذ	dhâl : dh
ـر	ـر	ر	ر	râ' : r
ـز	ـز	ز	ز	zây : z
ـس	ـسـ	سـ	س	sîn : s
ـش	ـشـ	شـ	ش	chîn : ch
ـص	ـصـ	صـ	ص	sâd : s
ـض	ـضـ	ضـ	ض	dâd : d
ـط	ـطـ	طـ	ط	tâ' : t

CHAPITRE 1 : L'ÉCRITURE

Finale	Médiane	Initiale	Isolée	Nom et translittération
ظ	ـظـ	ظـ	ظ	zâ' : z
ع	ـعـ	عـ	ع	ᶜayn : ᶜ
غ	ـغـ	غـ	غ	ghayn : gh
ف	ـفـ	فـ	ف	fâ' : f
ق	ـقـ	قـ	ق	qâf : q
ك	ـكـ	كـ	ك	kâf : k
ل	ـلـ	لـ	ل	lâm : l
م	ـمـ	مـ	م	mîm : m
ن	ـنـ	نـ	ن	noûn : n
ـه	ـهـ	هـ	ه	hâ' : h
ـو	ـو	و	و	wâw : w, oû
ـي	ـيـ	يـ	ي	yâ' : y, î

En plus de sa forme simple, l'**alif** connaît aussi une forme longue en début de mot, qui s'écrit آ. Lorsque l'**alif** suit le **lâm**, ils se présentent sous cette forme : لا (لـا). À ces caractères s'ajoutent la **tâ' marboûṭa** qui ne se trouve qu'en fin de mot et la **hamza** (aussi appelée « occlusive glottale ») qui peut être écrite soit seule soit avec **alif**, **wâw** ou **yâ'**.

Finale	Médiane	Initiale	Isolée	Nom et translittération
			ء	hamza : '
ـأ	ـأ	أ	أ	hamza au-dessus de l'alif : 'a, 'ou
		إ	إ	hamza au-dessous de l'alif : 'î
ـؤ	ـؤ	ؤ	ؤ	hamza au-dessus du wâw : 'oû
ـئ	ـئـ	ئـ	ئ	hamza au-dessus du yâ' : 'î
ـة			ة	tâ' marboûṭa : -a(t)

De plus, dans l'écriture arabe, on rencontre le signe ّ nommé **chadda**, qui marque un redoublement et par conséquent un renforcement phonétique de la consonne au-dessus de laquelle il est placé : خطّ **khatt** *ligne*.

CHAPITRE 1 : L'ÉCRITURE

❶ Il est possible de regrouper les lettres selon des critères spécifiques. Repérez les 15 caractères pointillés — c'est-à-dire contenant des points — et copiez-les dans le tableau avec leurs formes.

Finale	Médiane	Initiale	Isolée	Nom

❷ Trouvez les 6 lettres que l'on appelle orphelines, ou « non liées » — c'est-à-dire qui ne se lient pas avec la lettre suivante —, et copiez-les dans le tableau avec leurs formes.

Finale	Médiane	Initiale	Isolée	Nom

CHAPITRE 1 : L'ÉCRITURE

3 Complétez le tableau suivant avec les formes qui manquent.

Finale	Médiane	Initiale	Isolée	Nom
		ح		ḥâ'
	ـسـ			sîn
ص				ṣâd
			ط	ṭâ'
	ـعـ			ᶜayn
ك				kâf
			ل	lâm
		مـ		mîm
	ـهـ			hâ'

4 Liez les lettres des mots suivants.

a. ج + ب + ل (montagne) ....

b. م + ل + ح (rêve) ....

c. ز + ب + خ (pain) ....

d. ن + ج + س (prison) ....

e. ص + خ + ش (personne) ....

f. ب + ح + ر (mer) ....

g. ل + م + ع (travail) ....

h. ظ + ه + ر (midi) ....

i. ض + ع + ف (faiblesse) ....

j. ب + ط + ي + خ + ة (pastèque) ....

CHAPITRE 1 : L'ÉCRITURE

5. Écrivez ces mots en liant les lettres. Attention aux caractères qui ne se lient pas.

a. ق + و + س (marché) ....
b. س + ر + د (leçon) ....
c. ج + و + ز (époux, mari) ....
d. ر + ا + د (maison) ....
e. ب + ذ + ا + ك (menteur) ....
f. ة + ر + ك + ذ + ت (billet, ticket) ....
g. ن + و + ن + ا + ق (loi) ....
h. د + ا + د + غ + ب (Bagdad) ....
i. ة + ف + ا + ق + ث (culture) ....
j. و + ي + ا + د + ر (radio) ....

6. Décomposez les mots suivants lettre par lettre. Attention à l'écriture de la hamza !

a. تهنئة (félicitation) ....
b. ابتداء (début) ....
c. أفلام (films) ....
d. لؤلؤة (perle) ....
e. مساء (soir) ....
f. امرأة (femme) ....
g. نائب (député) ....
h. إسلام (islam) ....
i. لأنّ (parce que) ....
j. ذئب (loup) ....

7

CHAPITRE 1 : L'ÉCRITURE

7 Écrivez ces 15 mots qui se trouvent lettre par lettre dans la grille suivante.
Une chadda est marqué par le redoublement de la consonne : مرّة ← م + ر + ر + ة

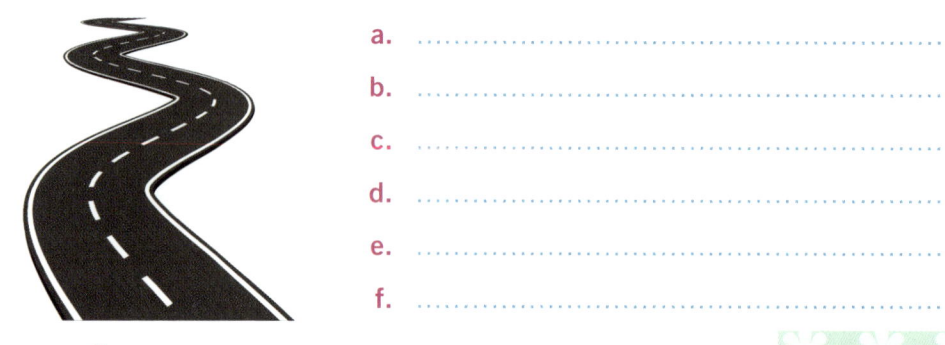

a. ....
b. ....
c. ....
d. ....
e. ....
f. ....
g. ....
h. ....
i. ....
j. ....
k. ....
l. ....
m. ....
n. ....
o. ....

CHAPITRE 1 : L'ÉCRITURE

8 Décomposez ces huit mots et mettez-les dans le tableau en bas selon leur position.

⬇ Verticalement  ⬅ Horizontalement

Verticalement		Horizontalement	
A2 (*ambassadeur*)	سفير	A10 (*commerce*)	تجارة
A9 (*réponse*)	جواب	B4 (*condition, enveloppe*)	ظرف
B4 (*ombre*)	ظلّ	C7 (*croissant de lune*)	هلال
C6 (*Liban*)	لبنان	F3 (*science, savoir*)	علم
E1 (*Nord*)	شمال	F8 (*paix*)	سلام
E8 (*compte, addition*)	حساب	H4 (*arrivée*)	وصول
F3 (*capitale*)	عاصمة	H10 (*jeu*)	لعب
H10 (*langue*)	لغة	J7 (*avion*)	طائرة

	1	2	3	4	5	6	7	8	9	10
A										
B										
C										
D										
E										
F										
G										
H										
I										
J										

مبروك! (Félicitations !) Vous êtes venu à bout du chapitre 1 ! Il est maintenant temps de comptabiliser les icônes et de reporter le résultat en page 128 pour l'évaluation finale.

2
La vocalisation

En général, l'arabe moderne ne transcrit que les voyelles longues en utilisant les lettres **alif**, **wâw** et **yâ'**. La difficulté de ce système est que lorsqu'on ne connaît pas le mot écrit, on ne peut pas être sûr de sa prononciation. Ainsi, le mot من pourrait être transcrit comme **mane**, **mine** et **moune**. Pour surmonter cette difficulté, l'arabe fait usage d'un système de vocalisation selon lequel les voyelles brèves sont transcrites par les signes **fatha** (pour **a** : écrit au-dessus de la consonne antérieure, ´ → بَ **ba**), **kasra** (pour **i** : écrit au-dessous de la consonne antérieure, ¸ → بِ **bi**) et **damma** (pour **ou** : écrit au-dessus de la consonne antérieure ᵕ → بُ **bou**). On aura donc : كُتِبَ الكِتَابُ **koutiba‿al-kitâbou** *le livre a été écrit*. Quand la **kasra** est écrite avec une consonne redoublée, elle est placée sous la **chadda** : مُعَلِّم **mou‿allim** *professeur, maître*. Lorsqu'une consonne ne porte pas de voyelle, on met le signe **soukoûn** (ْ) au-dessus – par exemple بَيْت **bayt** *maison*.

Il existe aussi la double voyelle finale – appelée **tanwîn** – qui marque, pour les mots sans article défini :

- le cas sujet (prononcé **-oune** : écrit par ٌ, رَجُلٌ **rajouloune** *un homme*) ;
- le cas direct (prononcé **-ane** : écrit par ً, mais toujours au-dessus d'un **alif** ajouté – sauf pour la **tâ' marboûta** fermé et la **hamza** – رَجُلاً **rajoulane** *un homme*) ;
- le cas indirect (prononcé **-ine** : écrit par ٍ, مَعَ رَجُلٍ **ma‿a rajouline** *avec un homme*).

Mais la vocalisation n'est au fond qu'un système de simplification qui est utilisé surtout à l'école primaire et dans les textes religieux, notamment dans le Coran. Dans la vie quotidienne – c'est-à-dire dans les médias, dans la correspondance personnelle ou dans la littérature – elle n'est presque jamais appliquée. On pourra donc se contenter de quelques exercices pratiques : elle ne sera plus évoquée dans les chapitres suivants, sauf dans les cas où on pourrait confondre deux mots – par exemple رَجُل **rajoul** *homme* et رِجْل **rijl** *jambe* – ou lorsqu'on parle explicitement des cas grammaticaux ; dans ces cas seulement, la vocalisation sera marquée.

1 Écrivez ces mots vocalisés.

a. مَ + سْ + جِ + دٌ (mosquée) ....
b. اَ + لْ + يَ + وْ + مَ (aujourd'hui) ....
c. قَ + نْ + نِ + ي + نَ + ةٌ (bouteille) ....
d. عُ + نْ + وَ + ا + نٌ (adresse) ....
e. اَ + لْ + بَ + حْ + رَ + يْ + نِ (Bahreïn) ....
f. دِ + مَ + شْ + قُ (Damas) ....
g. مَ + حْ + كَ + مَ + ةٌ (tribunal) ....
h. اَ + لْ + خُ + ضَ + ا + رُ (les légumes) ....

2 Décomposez ces mots vocalisés lettre par lettre.

a. شَقَّةٌ (appartement) ....
b. مَوْزَةٌ (banane) ....
c. سُورِيَا (Syrie) ....
d. اَلْقَاهِرَةُ (Le Caire) ....
e. هَدِيَّةٌ (cadeau) ....
f. مِينَاءٌ (port) ....
g. اَلْمَحَطَّةُ (la station) ....
h. فُنْدُقٌ (hôtel) ....

11

CHAPITRE 2 : LA VOCALISATION

3. Écrivez ces mots donnés en transcription phonétique.

a. ṯâliboune (*étudiant*) → ....

b. douroûsoune (*leçons*) → ....

c. nâsoune (*gens*) → ....

d. maᶜa zamîline (*avec un collègue*) → ....

e. al-qalamou (*le stylo, la plume*) → ....

f. 'anâ 'ayḏane (*moi aussi*) → ....

g. ṯabbâkhoune (*cuisinier*) → ....

4. Transcrivez ces mots en transcription phonétique.

a. اَلْوَلَدُ (*l'enfant*) → ....

b. اَلْمَطْبَخُ (*la cuisine*) → ....

c. جَامِعَةٌ (*université*) → ....

d. اَلْمَدِينَةُ (*la ville*) → ....

e. صَدِيقٌ (*ami, copain*) → ....

f. تِلْمِيذَةٌ (*élève, féminin*) → ....

g. اَلْفَلَّاحُ (*l'agriculteur*) → ....

h. تُونِسُ (*Tunis, Tunisie*) → ....

5. Les mots suivants peuvent avoir deux significations possibles s'ils ne sont pas vocalisés. Choisissez la transcription et la signification correctes.

 رَجُلَانِ

a. rijlâni (*deux jambes*)
b. rajoulâni (*deux hommes*)

 أَنْتَ

a. 'anta (*toi [m.]*)
b. 'anti (*toi [f.]*)

 كُتُبّ

a. koutouboune (*des livres*)
b. kataba (*il a écrit, il écrivit*)

 حُلْمٌ

a. ḥalama (*il a rêvé, il rêva*)
b. ḥoulmoune (*un rêve*)

 وَرْدٌ

a. wirdoune (*abreuvoir*)
b. wardoune (*des roses*)

 اَلْمَلِكُ

a. al-malikou (*le roi*)
b. al-milkou (*la possession*)

CHAPITRE 2 : LA VOCALISATION

6 Vocalisez ces formules de politesse dont nous vous donnons les textes non vocalisés ainsi que la transcription phonétique.

a. .... صباح الخير! (sabâhou_l-khayri) (*Bonjour ! – le matin*)

b. .... مساء الخير! (masâ'ou_l-khayri) (*Bonsoir !*)

c. .... أهلا وسهلا! ('ahlan wa-sahlan) (*Bienvenue !*)

d. .... تفضّل يا سيّدي! (tafaddal yâ sayyidî) (*Tenez, monsieur !*)

e. .... شكرا جزيلا يا آنستي! (choukran jazîlan yâ ânisatî) (*Merci beaucoup, mademoiselle !*)

f. .... عفوا يا سيّدتي! (ᶜafwan yâ sayyidatî) (*Pardon, madame !*)

g. .... شهيّة طيّبة! (chahiyyatan tayyibatan) (*Bon appétit !*)

h. .... رحلة سعيدة! (rihlatan saᶜîdatan) (*Bon voyage !*)

7 Transcrivez ces formules et reliez-les à la traduction correcte.

Est-ce que tu [m.] parles l'arabe ? **A**

Comment t'appelles-tu [f.] ? **B**
(littéralement : Quel est ton nom ?)

Avec plaisir ! **C**

Cela suffit ! **D**

Comment vas-tu [f.] ? **E**

N'est-ce pas ? **F**

Je [m.] suis désolé ! **G**

D'où viens-tu [m.] ? **H**

1 بِكُلِّ سُرُورٍ!

2 كَيْفَ حَالُكِ؟

3 مِنْ أَيْنَ أَنْتَ؟

4 هَذَا يَكْفِي!

5 أَنَا آسِفٌ!

6 مَا اسْمُكِ؟

7 هَلْ تَتَكَلَّمُ الْعَرَبِيَّةَ؟

8 أَلَيْسَ كَذَلِكَ؟

13

CHAPITRE 2 : LA VOCALISATION

 Dans la grille suivante, vous trouverez dix mots à mettre dans les phrases adéquates en bas. Puis essayez de les vocaliser et reliez chaque phrase à la traduction correcte.

	ا	د	ي	ع	إ
				ا	ل
					ى
	س	أ	ب		س
			م	ع	ن
ا		ب		ي	
ل		ا		د	
س	أ	ر	ل	ا	
ا		ك			
ع					
ة		ر	ي	خ	ب

Que Dieu te [m.] bénisse ! **A**   1 ....يهمّ!

Bien volontiers ! (littéralement : sur la tête et l'œil) **B**   2 !.........حظًّا

Bonne chance ! **C**   3 على .... والعين!

Ça va ! (littéralement : pas de mal) **D**   4 ....اللّقاء!

Ce n'est pas important / grave ! **E**   5 ....! أنا

Bonne fête ! **F**   6 ....سعيدًا!

Quelle heure est-il ? **G**   7 ....الله فيك!

Je vais bien ! **H**   8 ....؟ كم

Oui, c'est vrai ! **I**   9 .... ، هذا صحيح!

Au revoir ! / À la prochaine ! **J**
(littéralement : à la rencontre)   10 لا ....!

CHAPITRE 2 : LA VOCALISATION

 Traduisez ces phrases célèbres et écrivez-les ensuite en mettant la vocalisation.

a. Que Dieu soit loué. (littéralement : louange à Dieu)
....

b. Si Dieu le veut.
....

c. Bonne nuit.
....

d. Mon Dieu ! (littéralement : «quoi voulut Dieu»)
....

e. Que la paix soit sur vous !
....

f. Et sur vous (aussi) soit la paix !
....

g. S'il te [m./f.] plaît.
....

h. Félicitations !
....

i. Au revoir ! (littéralement : avec la sécurité)
....

مبروك! (Félicitations !) Vous êtes venu à bout du chapitre 2 ! Il est maintenant temps de comptabiliser les icônes et de reporter le résultat en page 128 pour l'évaluation finale.

3
La racine

En arabe, la plupart des mots sont basés sur une racine (appelée أصل) qui est très souvent composée de trois consonnes (racine trilitère), bien qu'on trouve également – plus rarement – quelques racines de deux ou quatre consonnes.

Chaque racine possède une notion définie ou une idée qui est exprimée par ses dérivations. Prenons par exemple la racine ك – ت – ب qui comprend la notion d'écriture et observons-en quelques composés : كَتَبَ *il a écrit, il écrivit* ; كَاتِب *écrivain, écrivant* ; كِتَاب *livre* ; كُتَّيِب *brochure* ; مَكْتَب *bureau* ; مَكْتَبَة *bibliothèque* ; مَكْتُوب *écrit, lettre* ; مُكَاتَبَة *correspondance*, etc.

Vous remarquez que dans tous ces mots, la racine persiste dans le même ordre – avec des voyelles et consonnes ajoutées selon un schéma défini – et que chaque mot peut être regroupé sous la notion d'écriture.

Pour mieux désigner ces schémas, l'arabe fait usage d'un modèle sur les trois consonnes ف – ع – ل (auquel on ajoute d'autres lettres) dont on se servira au cours des exercices suivants. Il faut toutefois signaler qu'on ne peut pas dériver n'importe quel schéma d'une racine quelconque.

1 Déterminez les trois consonnes de la racine dans les mots suivants.

a. شريف (*honnête*) ....
b. حسين (*Hussein*) ....
c. سلامة (*santé*) ....
d. مفهوم (*compris, entendu*) ....
e. أكثر (*plus, davantage*) ....
f. خروج (*sortie*) ....
g. قدرة (*autorité*) ....
h. مركب (*navire*) ....
i. دروس (*leçons*) ....
j. ثقيل (*lourd, pesant*) ....
k. كلمة (*mot*) ....
l. عامل (*ouvrier*) ....

2 Déterminez la racine de chaque groupe de mots. Exemple :

كتاب، مكتوب، مكتبة ← ك – ت – ب

انصرف، مصرف، مصروف ←

تدريس، دراسة، مدرسة ←

معلّم، عِلْم، تعليم ←

شريك، اشترك، مشاركة ←

حديث، تحدّث، محادثة ←

عقود، اعتقاد، عقيدة ←

Banque de mots

عقود	contrats, accords	اشترك	participer, s'abonner
عقيدة	conviction	اعتقاد	idée, conviction
عِلْم	savoir, connaissance	انصرف	partir
محادثة	conversation	تحدّث	parler, causer
مدرسة	école	تدريس	enseignement
مشاركة	association, participation	تعليم	instruction
مصرف	banque	حديث	conversation
مصروف	dépenses	دراسة	éducation, étude
معلّم	professeur, maître	شريك	partenaire

3 Regroupez ces vingt mots selon leur racine trilitère.

س – ف – ر	ش – ر – ب	ط – ع – م	ك – س – ر	ل – ع – ب

a. مكسور (cassé) b. لُعبة (poupée) c. سفارة (ambassade) d. مطعم (restaurant) e. شُرْب (le fait de boire) f. لاعب (joueur) g. سفرة (voyage) h. كاسر (féroce, carnivore) i. طَعِم (savoureux) j. ملعب (terrain de jeu) k. يشربون (ils boivent) l. سفير (ambassadeur) m. شربة (boisson, soupe) n. انكسر (se briser, se casser) o. مشروب (bu, boisson) p. طعام (nourriture) q. مسافر (passager, voyageur) r. ألعاب (jeux) s. طَعْم (goût) t. كسّر (casser)

CHAPITRE 3 : LA RACINE

4 Créez des dérivations des racines selon les schémas basés en ف – ع – ل.

	س – ك – ن	ط – ل – ب	ف – ر – ع	م – ل – ع
فعل				
فَاعِل				
مَفْعَل				
مَفْعُول				

5 Classez les mots selon leur racine. Puis déterminez les dérivations selon ces schémas possibles et liez-les avec la case adéquate dans le tableau – on ne donne pas toutes les dérivations pour chaque racine.

Schémas ↓	Racines ↔		
أَفْعَل			
تَفْعِيل			
فَعَّال			
فَعالَة			
فِعالَة			
فَعْل			
فَعِيل			
مَفْعَل			
مُفَعَّل			
مُفَعَّلَة			
مَفْعُول			

a. طَبَّاخ (cuisinier)
b. صَداقَة (amitié)
c. مُحَمَّد (Mohammed)
d. صَدِيق (ami, copain)
e. مَطْبُوخ (cuit)
f. حَمْد (louange)
g. مَطْبَخ (cuisine)
h. تَصْدِيق (croyance, créance)
i. مَحْمُود (Mahmoud)
j. طِباخَة (art de cuisiner)
k. مُصَدِّقَة (certification)
l. أَحْمَد (Ahmad)

CHAPITRE 3 : LA RACINE

 Créez les dérivations de la racine ج — م — ع suivant les schémas dans les cases.

a. فَعَلَ

b. فَعْل

c. فَعْلِيَّة

j. فَعَالَة

d. فَاعِل

i. فَعِيل

e. فَاعِلَة

h. مُفْتَعَل

g. اِفْتِعَال

f. مَفْعُول

مبروك! (Félicitations !) Vous êtes venu à bout du chapitre 3 ! Il est maintenant temps de comptabiliser les icônes et de reporter le résultat en page 128 pour l'évaluation finale.

4. L'article

- L'article défini est الـ. En début de phrase, il s'écrit أل selon la règle traditionnelle, mais cette **hamza** disparaît dans la plupart des textes. L'article se place devant le nom et sert pour le masculin, le féminin, le singulier, le duel et le pluriel. Lorsqu'un adjectif qualifie un nom, il doit aussi être accompagné de l'article : الكلب الصغير (littéralement : *le-chien le-petit*).

- Lorsque le mot devant lequel on doit mettre l'article commence par les lettres ت, ث, د, ذ, ر, ز, س, ش, ص, ض, ط, ظ, ل, ن (les 14 lettres dites « solaires »), on contracte phonétiquement le ل de l'article avec la première lettre du mot qui se trouve alors redoublée – ceci est marqué par une **chadda** sur la lettre solaire : السّلام (*la paix*), prononcé donc **as-salâm** et non **al-salâm**.

- En arabe, il n'y a pas d'article indéfini (un, une, des). Si le nom apparaît seul, il est automatiquement indéfini. Dans la langue écrite, le singulier est marqué par le suffixe ـٌ (ـةٌ pour les mots qui se terminent en ـة), ajouté au nom.

1 Entourez les mots qui commencent par une « lettre solaire » et ajoutez les chaddas.

a. البيت (*la maison*)
b. الطالب (*l'étudiant*)
c. الورقة (*la feuille*)
d. الزميل (*le collègue*)
e. التجارة (*le commerce*)
f. الناس (*les gens*)
g. الكتاب (*le livre*)
h. الرَجُل (*l'homme*)
i. الدراسة (*l'éducation, l'étude*)
j. القلب (*le cœur*)

Banque de mots

في	à, dans		أب	père
قديم	vieux		الدّار البيضاء	Casablanca
كبير	grand		أين؟	où ?
لـ	pour		باب	porte
مدير	directeur		جدّاً	très
مكتبة	bibliothèque		جديد	nouveau
مَن؟	qui ?		جميل	beau
وسط المدينة	centre-ville		طلّاب	étudiants
يدرس	(il) étudie		علي	Ali

 2 Dans les phrases suivantes, insérez l'article au bon endroit.

a. Ali a une nouvelle maison.

لعلي ..بيت ..جديد.

b. Ali est dans sa belle maison.

..علي في ..بيته ..جميل.

c. Qui est dans la vieille maison ?

مَن في ..بيت ..قديم؟

d. La grande maison d'Ali est au centre-ville.

..بيت ..علي ..كبير في ..وسط ..مدينة.

e. Le père d'Ali est le directeur de la bibliothèque à Tunis.

..أب ..علي ..مدير ..مكتبة في ..تونس.

f. La nouvelle bibliothèque de la vieille ville est très grande.

..مكتبة ..مدينة ..قديمة ..جديدة ..كبيرة جدّاً.

N'hésitez pas à vous reporter au paragraphe sur l'annexion, page 47.

g. Où est la porte de la cuisine de la nouvelle maison ?

أين ..باب ..مطبخ ..بيت ..جديد؟

h. Les étudiants de l'université de Casablanca étudient dans la bibliothèque.

يدرس ..طلّاب ..جامعة ..دار ..بيضاء في ..مكتبة.

CHAPITRE 4 : L'ARTICLE

3. Trouvez la transcription phonétique correcte.

1 الشمس (le soleil)
a. ach-chams
b. al-chams

3 الذهب (l'or)
a. al-dhahab
b. adh-dhahab

5 الثلج (la neige)
a. ath-thalj
b. al-thal

2 الجريدة (le journal)
a. al-jarîda
b. aj-jarîda

4 السفرة (le voyage)
a. al-safra
b. as-safra

6 الحفلة (la fête, la cérémonie)
a. ah-hafla
b. al-hafla

Banque de mots

مع	avec
هل؟	est-ce que (?)
هنا	ici
هناك	là
يوجد	(il) y a

4. Complétez ces phrases en mettant la terminaison ً là où elle est nécessaire.

a. Où est l'hôtel ?
أين ...؟

b. Y a-t-il un hôtel ?
يوجد ...؟

c. Est-ce que le stylo est ici ?
هل ... هنا؟

d. Est-ce que tu as un stylo sur toi ?
هل معك ...؟

e. Le livre est là.
... هناك.

f. Qui a aujourd'hui un livre ?
مَن معه ... اليوم؟

مبروك! (Félicitations !) Vous êtes venu à bout du chapitre 4 ! Il est maintenant temps de comptabiliser les icônes et de reporter le résultat en page 128 pour l'évaluation finale.

5
Le nom et l'adjectif

Le nom et l'adjectif

Morphologie du nom et de l'adjectif au singulier

- En arabe, on distingue deux genres : مذكّر (masculin) et مؤنّث (féminin). Les noms qui se terminent en ـة sont en grande majorité féminins et presque tous les autres noms sont masculins. Le genre biologique définit le genre grammatical : ainsi, les noms désignant des êtres féminins comme أمّ (mère), بنت (fille) ou أخت (sœur) sont féminins. C'est aussi le cas pour les noms de villes et de pays.

- Pour former le féminin d'un nom, il suffit souvent d'ajouter un ـة à la fin du mot masculin : طبّاخ (cuisinier) ← طبّاخة (cuisinière).

- L'adjectif arabe se place toujours après le nom auquel il se réfère. Il s'accorde en genre et en nombre avec lui. Pour former le féminin de l'adjectif, on suit la même règle que pour le nom : on ajoute un ـة / ة. Comme en français, l'adjectif peut être l'épithète, c'est-à-dire qu'il est indéterminé ou déterminé, comme le nom auquel il se réfère : مدينة جميلة *une belle ville*, المدينة الجميلة *la belle ville*. Dans une phrase nominale – une phrase sans verbe –, l'adjectif devient l'attribut et n'est jamais accompagné de l'article : المدينة جميلة *La ville [est] belle*.

1 Complétez le tableau suivant.

FÉMININ	MASCULIN
	الطّالب الصّغير
	عمّ مريض
خالة جميلة	
	طبّاخ جيّد
الكلبة الكبيرة	
الوالدة الجوعانة	
معلّمة غضبانة	
	الصّديق الحزين
المسافرة المستعجلة	

CHAPITRE 5 : LE NOM ET L'ADJECTIF

Banque de mots

عمّ	oncle (paternel)
غضبان	en colère
قطّ	chat
كلبة	chienne
مريض	malade
مستعجل	pressé
معلّمة	professeur [f.], maîtresse
والدة	mère

جوعان	affamé, ayant faim
جيّد	bien, bon
حزين	affligé
خالة	tante (maternelle)
	En arabe, on distingue souvent la famille du père de celle de la mère. Par conséquent, il y a des terminologies différentes pour l'oncle et la tante.
صغير	petit
عطشان	assoiffé, ayant soif

2 Traduisez les phrases suivantes.

a. Un bon ami ....

b. Un beau pays ....

c. Le grand arbre ....

d. Le petit ingénieur ....

e. Le long fleuve ....

f. Une fille sympathique ....

g. Une vieille rue ....

h. La nouvelle exposition ....

Banque de mots

معرض	exposition	طويل	long	بلد	pays
مهندس	ingénieur	فتاة	fille	شارع	rue
نهر	fleuve	لطيف	sympathique	شجرة	arbre

CHAPITRE 5 : LE NOM ET L'ADJECTIF

3 Retrouvez dans cette grille ces onze mots féminins qui sont irréguliers car ils ne se terminent pas en ـة.

س	ف	ن	ق	ع
غ	وٴ	ة	د	ي
خ	ظ	ا	ا	ن
د	ح	و	ر	ق
ض	ر	ت	غ	ن
ص	ر	ذ	ئ	أ
ح	لأ	ل	ج	ر
ر	ش	ف	ط	ض
ا	ه	ق	ك	م
ء	آ	د	لآ	ث
ي	س	م	ش	ب

a. أرض (sol, terre)
b. دار (maison)
c. يد (main)
d. عين (œil)
e. قدم (pied)
f. شمس (soleil)
g. حرب (guerre)
h. روح (âme, esprit)
i. نفس (âme)
j. رجْل (jambe)
k. صحراء (désert)

4 Décidez si les noms suivants sont مذكَّر ou مؤنَّث.

	b. مؤنَّث	a. مذكَّر	
1.	أب (père)		✓
2.	جدّ (grand-père)		
3.	طائرة (avion)		
4.	بيروت (Beyrouth)		
5.	الجزائر (Algérie)		
6.	دجاجة (poule)		
7.	صباح (matin)		
8.	بغداد (Bagdad)		
9.	جبل (montagne)		
10.	مصر (Égypte)		

5 Trouvez les mots qui correspondent au sexe opposé.

Exemple : أخت ← أخ

a. أب ← ....
b. .... ← بنت
c. ممرّض ← ....
d. فلّاح ← ....
e. .... ← تلميذة
f. جدّ ← ....
g. .... ← عروس
h. معلّم ← ....

CHAPITRE 5 : LE NOM ET L'ADJECTIF

6 Trouverez-vous les six fautes présentes dans les phrases suivantes ? Entourez-les, puis corrigez-les.

a. عندنا خبر مهمّة لك!
....
b. أين صاحبتكَ الجميل؟
....
c. هو يسكن في بيت القديم.
....
d. الأمّ العزيزة جدّاً.
....
e. قريتي كبير جدّاً.
....
f. هل مصر واسع؟
....

Banque de mots

مهمّ	important	خبر	nouvelle
هو	il, lui	صاحبة	amie, copine
واسع	grand, vaste	عزيز	cher
يسكن	(il) habite	عند	chez
		قرية	village

Les adjectifs de couleur

Pour la plupart des couleurs, l'arabe utilise la construction « diptote », selon le schéma suivant : أَفْعَل pour le masculin et فَعْلاء pour le féminin. Seules les couleurs qui se terminent en يّ / ـيّ sont considérées comme régulière et ont leur féminin en يّة / ـيّة.

7 Ajoutez les formes (masculine ou féminine) qui manquent et complétez les phrases avec les adjectifs corrects.

FÉMININ	MASCULIN	
	أحمر	السّيّارة ......
بيضاء		القميص ......
صفراء		المنديل ......
	أخضر	الحقيبة ......
زرقاء		الكرسيّ ......
	أسود	المائدة ......

Banque de mots

حقيبة	sac, valise
سيّارة	voiture
قميص	chemise
كرسيّ	chaise
مائدة	table
منديل	mouchoir

CHAPITRE 5 : LE NOM ET L'ADJECTIF

8 Complétez les mots suivants en ajoutant le bon adjectif de couleur et choisissez la forme correcte (masculine ou féminine).

Banque de mots

باذنجانة	aubergine
جزرة	carotte
حليب	lait
دخان	fumée
دم	sang
زهرة	fleur
سماء	ciel
شعر	cheveux
قهوة	café
ليمونة	citron
مرج	pelouse

1. أحمر
2. أبيض
3. أصفر
4. أخضر
5. أزرق
6. أسود
7. رماديّ
8. بنّيّ
9. ليلكيّ
10.ورديّ
11. برتقاليّ

a. المرج
b. الجزرة
c. الشّعر
d. الدّم
e. الباذنجانة
f. الزّهرة
g. الدّخان
h. الحليب
i. السّماء
j. اللّيمونة
k. القهوة

L'élatif

Les adjectifs aux racines trilitères (donc la plupart des adjectifs) construisent l'élatif selon le même schéma : أَفْعَل. L'élatif comprend à la fois le comparatif et le superlatif. Veuillez remarquer que, pour le superlatif, il existe également une forme féminine – sur le schéma فُعْلَى – et une forme plurielle – sur le schéma فُعَل. On a donc pour كبير (grand) les formes أَكْبَر (plus grand, le plus grand), كُبْرَى (la plus grande) et كُبَر (les plus grands/grandes).

Lorsque la deuxième consonne de la racine de l'adjectif est un **wâw** ou un **yâ'**, elle est traitée comme une consonne régulière (طويل ← أطول). Si la deuxième et la troisième consonnes sont identiques, le schéma أَفَلّ est appliqué. Lorsque l'adjectif se termine en **wâw** ou **yâ'**, l'élatif est bâti sur le schéma أَفْعَى.

Pour appliquer le superlatif, on le fait simplement précéder de l'article défini : هو الأجمل (il est le plus beau). Lorsqu'il est construit avec un substantif, l'adjectif modifié se place avant celui-ci : أجمل قميص (la plus belle chemise).

Pour créer une phrase au comparatif, on a besoin de la préposition مِن (qui correspond à la conjonction française *que*), pour coordonner les deux éléments comparés : الفيل أكبر مِن الأسد (*l'éléphant est plus grand que le lion*).

CHAPITRE 5 : LE NOM ET L'ADJECTIF

9. Complétez le tableau. Gardez en tête que les formes au féminin et au pluriel ne s'utilisent que pour le superlatif avec l'article !

Élatif		
pluriel	féminin	masculin
		بعيد
		أثقل
	رخصى	
		أصغر
فُقَر		
قُدَم		
	قصرى	
		كثير

Banque de mots

فقير	pauvre	بعيد	loin, lointain
قديم	vieux	ثقيل	lourd, pesant
قصير	court	رخيص	bon marché
كثير	beaucoup	صغير	petit

10. Mettez les adjectifs entre parenthèses à la forme correcte de l'élatif.

a. في السّعوديّة دائماً ...... (حارّ) مِن فرنسا.
b. صحيح أن تكسب ...... (قليل) في العمل الجديد؟
c. اليوم المطر ...... (شديد) مِن أمس.
d. برج خليفة في دبيّ ...... (عالٍ) عمارة في العالم.
e. أكلنا كثيراً، لكنّه أكلَ ...... (كثير) مِنّا.
f. كلب الجيران هو ...... (قبيح) كلب في شارعنا.

Banque de mots

أكلَ	(il) a mangé
أكلنا	(nous) avons mangé
أمس	hier
برج	tour [f.]
برج خليفة	Burj Khalifa
تكسب	tu [m.] gagnes
جيران	voisins
حارّ	chaud
دائماً	toujours
دبيّ	Dubaï
السّعوديّة	l'Arabie Saoudite
شديد	fort
صحيح أن	il est vrai que
عالٍ	haut
عالم	monde
عمارة	bâtiment
فرنسا	France
قبيح	laid
قليل	peu
كثيراً	beaucoup
لكنّ	mais
مطر	pluie
مِن	de, que

CHAPITRE 5 : LE NOM ET L'ADJECTIF

 **Traduisez ces phrases.**

a. Ta [m.] valise est la plus lourde.

....

b. Ali est plus riche que Salim.

....

c. Fatima est la plus belle au bureau.

....

d. Cette voiture-ci est plus puissante que celle-là.

....

e. Cet élève est plus intelligent que le professeur.

....

f. L'aéroport d'Abu Dhabi est plus moderne que l'aéroport de Sanaa.

....

....

g. L'Université jordanienne à Amman est la plus ancienne université en Jordanie.

....

....

h. Est-ce que tu [f.] connais le musée le plus moderne de notre ville ?

....

....

Banque de mots

أبوظبي	Abu Dhabi
الأردنّ	Jordanie
أردنيّ	jordanien
تعرفين	tu [f.] connais
تلك	celle-là
حديث	moderne
ذكيّ	intelligent
سليم	Salim
صنعاء	Sanaa
عمّان	Amman
غنيّ	riche
فاطمة	Fatima
قويّ	fort
متحف	musée
مدينة	ville
مطار	aéroport
مكتب	bureau
هي	elle

مبروك! (Félicitations !) Vous êtes venu à bout du chapitre 5 ! Il est maintenant temps de comptabiliser les icônes et de reporter le résultat en page 128 pour l'évaluation finale.

Le pluriel

Les noms peuvent avoir un pluriel externe (جمع سالم), dont la formation est régulière, ou un pluriel interne (جمع تكسير), qui est irrégulier.

Le **pluriel externe** est obtenu en ajoutant une terminaison à la forme du singulier. Le corps du mot ne s'en trouve pas profondément modifié. Pour les mots masculins, on ajoute ون / ون à la forme au singulier. Pour le féminin, on substitue la terminaison ة / ة du final du singulier par ات / ات. Le pluriel en هات / هات (parfois وات / وات) est également très fréquent pour les mots qui proviennent d'autres langues, même si ces mots ne sont pas féminins.

Le **pluriel interne** est beaucoup plus fréquent en arabe. Il se forme en modifiant le singulier de façon notable, sans répondre à aucune règle. C'est pour cette raison que les formes singulière et plurielle d'un même mot diffèrent parfois profondément.

1 Indiquez le pluriel (externe) des mots suivants.

a. (cuisinier) طبّاخ → ....
b. (professeur, maître) معلّم → ....
c. (menuisier) نجّار → ....
d. (boulanger) خبّاز → ....
e. (voyageur, passager) مسافر → ....
f. (reine) ملكة → ....
g. (langue) لغة → ....
h. (bouteille) زجاجة → ....
i. (agence) وكالة → ....
j. (compagnie, société) شركة → ....

2 Indiquez le singulier des mots suivants.

a. (enseignants) مدرّسون → ....
b. (voitures) سيّارات → ....
c. (comptables) محاسبون → ....
d. (infirmières) ممرّضات → ....
e. (ingénieurs) مهندسون → ....
f. (réfrigérateurs) ثلّاجات → ....

3 Reliez chaque mot arabe à sa traduction française et trouvez le pluriel.

désert a ●	● 1 حمّام ....
permis b ●	● 2 كمبيوتر ....
radio c ●	● 3 باص ....
ordinateur d ●	● 4 اجتماع ....
téléphone e ●	● 5 راديو ....
réunion f ●	● 6 جواز ....
bain, salle de bain g ●	● 7 تليفون ....
bus h ●	● 8 صحراء ....

4 Reliez ces mots au pluriel interne avec leur forme au singulier.

1 ● بنوك	● a (enfant) ولد
2 ● أقلام	● b (maison) بيت
3 ● كؤوس	● c (film) فيلم
4 ● غرف	● d (verre) كأس
5 ● أولاد	● e (fille) بنت
6 ● بيوت	● f (chambre) غرفة
7 ● أفلام	● g (banque) بنك
8 ● بنات	● h (plume, stylo) قلم

5 Retrouvez la traduction des mots suivants — tous en pluriel interne — dans le tableau.

أ	ر	ج	ل	أ	ي
ي	ء	و	ط	ب	ظ
ذ	ج	ا	ث	و	لأ
ش	س	ن	و	ا	ت
إ	ض	ب	ئ	ب	ذ
خ	لا	ك	ج	ي	ش
و	ط	ر	غ	ح	أ
ا	ي	م	آ	ؤ	ش
ن	ظ	د	ق	ث	ه
ف	ق	ن	ا	ط	ر

côtés (سنوات) années ; (مدن) villes ; (أشهر) mois ; (أبواب) portes ; (جوانب) jambes ; (قناطر) ponts ; (إخوان) frères (أرجل)

CHAPITRE 6 : LE PLURIEL

6 Pour beaucoup de mots, la formation du pluriel interne suit des schémas précis, où les consonnes (marquées par les dérivations de فعل dans le modèle) sont alignées d'une certaine façon. Sauriez-vous ranger ces mots au pluriel selon les schémas donnés ?

أَفْعَال	فُعَل	فَعَل	فِعَال	فُعُول

- **a.** حقوق (*droits*)
- **b.** رجال (*hommes*)
- **c.** صُحُف (*pages*)
- **d.** أحلام (*rêves*)
- **e.** سلال (*paniers*)
- **f.** غُرَف (*chambres*)
- **g.** أقسام (*parties*)
- **h.** دُوَل (*États*)
- **i.** طُرُق (*routes, voies*)
- **j.** قرون (*siècles*)
- **k.** جُمَل (*chameaux*)
- **l.** صُوَر (*panneaux, images*)
- **m.** جبال (*montagnes*)
- **n.** ألوان (*couleurs*)
- **o.** أسواق (*marchés*)
- **p.** ملوك (*rois*)
- **q.** شكوك (*doutes*)
- **r.** رمال (*sables*)
- **s.** سُفُن (*navires, bateaux*)
- **t.** أسُس (*fondations, bases*)

7 Mots croisés autour de quelques formes de pluriel interne. Les mots au singulier vous sont donnés : trouvez les pluriels internes.

Verticalement
1 عنوان (*adresse, titre*)
2 خطّ (*ligne, écriture*)
3 قصّة (*histoire*)
4 شقّة (*appartement*)
5 يوم (*jour*)
6 حلم (*rêve*)
7 مسجد (*mosquée*)
8 هديّة (*cadeau*)

Horizontalement
A شجرة (*arbre*)
B صحن (*assiette*)
C موسم (*saison*)
D قدم (*pied*)

CHAPITRE 6 : LE PLURIEL

En ce qui concerne les adjectifs au pluriel, pour les **êtres humains** et toutes les **créatures animées**, on procède de la même façon que pour les substantifs, en utilisant les terminaisons ون / ين [m. pl.] et ات / ـات [f. pl.]. Mais beaucoup d'adjectifs connaissent aussi des formes internes, c'est notamment le cas pour ceux du schéma فَعِيل , qui construisent leur pluriel dans la plupart des cas كبير ← كِبَار : فِعَال. Lorsqu'un adjectif se réfère à un **objet inanimé** ou à quelque chose d'abstrait, le pluriel est identique à la forme féminine du singulier, et se termine donc en ة / ـة.

8. Complétez les phrases avec la forme correcte des adjectifs.

a. أين المحامون الـ .... ؟ (مصريّ)
b. هل النّساء دائماً .... ؟ (مشغول)
c. كيف القوانين الـ .... ؟ (رسميّ)
d. الأقارب الـ .... في المغرب. (مسنّ)
e. أين الوزراء الـ .... ؟ (لبنانيّ)
f. هل علاقات الدّول العربيّة .... ؟ (جيّد)
g. إخوانكم .... جدّاً. (لطيف)
h. هل رأيتَ أولادي الـ .... ؟ (صغير)

Banque de mots

إخوان	frères
أقارب	parents
أولاد	enfants
رأيتَ	(tu) as [m.] vu
رسميّ	officiel
عربيّ	arabe
علاقات	relations
قوانين	lois [pl.]
كيف؟	comment ?
لبنانيّ	libanais
محامٍ	avocat
مسنّ	âgé
مشغول	occupé
مصريّ	égyptien
المغرب	le Maroc
نساء	femmes
وزراء	ministres

9. Mettez ces phrases au pluriel. Attention aux adjectifs dans leur forme interne.

a. ماذا يفعل الرَّجُل التّعبان؟
....
b. هل الرّياضيّ ضعيف اليوم؟
....
c. العامل زعلان جدّاً.
....
d. هل الملك عظيم؟
....
e. أين الفتى النّعسان؟
....
f. هل الأمير كريم؟
....

33

CHAPITRE 6 : LE PLURIEL

Banque de mots

عظيم	puissant
فتى	garçon
كريم	généreux
ماذا؟	Quoi (?), Qu'est-ce que… (?)
نعسان	ensommeillé
يفعل	(il) fait

أمير	prince, émir
تعبان	fatigué
رياضيّ	sportif
زعلان	fâché
ضعيف	faible
عامل	ouvrier

10 Transformez ces phrases au singulier.
Attention : il s'agit d'adjectifs irréguliers au pluriel de la forme masculine.

a. يبحث السّيّاح العطشى عن مقهى.

b. أين رأيتِ الطّلاب الكسالى؟

c. ينتظر الشّباب المرضى الفحص.

d. كيف حال الجنود الجرحى؟

e. أصدقائي في الرّيف فقراء.

f. هل تعرّفتَ على جيراننا الجدد؟

g. في مكتبي الزّملاء غضبى جدّاً.

h. هؤلاء الضّيوف دائماً جياع.

i. أين التّلاميذ الأذكياء؟

Banque de mots

تعرّفتَ	(tu) as fait connaissance [m.]
تلميذ / تلاميذ	élève [sg./pl.]
جار / جيران	voisin [sg./pl.]
جائع / جياع	affamé [sg./pl.]
جريح / جرحى	blessé [sg./pl.]
جنديّ / جنود	soldat [sg./pl.]
رأيتِ	(tu) as vu [f.]
ريف	campagne
زميل / زملاء	collègue [sg./pl.]
سائح / سيّاح	touriste [sg./pl.]
شابّ / شباب	jeune garçon / jeunes gens
صديق / أصدقاء	ami, copain [sg./pl.]
ضيف / ضيوف	hôte, invité [sg./pl.]
على	sur
فحص	examen (médical)
كسلان / كسالى	paresseux [sg./pl.]
مقهى	café (lieu)
هؤلاء	ces, ceux-ci
يبحث عن	(il) cherche
ينتظر	(il) attend

CHAPITRE 6 : LE PLURIEL

 Savez-vous relier ces cinq phrases à l'adjectif adéquat ? Il n'y a qu'une seule possibilité plausible pour chaque phrase.

a ... في المحطّة التّذاكر   1 ... مؤدّبة.
b ... التّلميذة السّودانيّة   2 ... مجتهدون.
c ... في صفّي كلّ الفتيات   3 ... غالية.
d ... هذا المكتب   4 ... واسع.
e ... هؤلاء الموظّفون   5 ... جميلات.

Banque de mots

تذاكر	billets, tickets
سودانيّ	soudanais
صفّ	classe
غالٍ	cher
كلّ	tous, toutes
مجتهد	assidu
مؤدّب	poli
موظّف	fonctionnaire

 Trouvez l'adjectif correct.

1 ... الكُتُب
a. جدد
b. جديدة

3 ... الحقائب
a. ثقال
b. ثقيلة

5 ... الأصدقاء
a. غيورون
b. غيورات

2 ... الكُتّاب
a. مشاهير
b. مشهور

4 ... الفنادق
a. جميلة
b. جميلون

6 ... الكراسيّ
a. صغار
b. صغيرة

Banque de mots

حقائب	sacs, valises
غيور	jaloux
فنادق	hôtels
كُتّاب	écrivains
كُتُب	livres
كراسيّ	chaises
مشهور	célèbre

CHAPITRE 6 : LE PLURIEL

Le duel

Outre le pluriel, l'arabe connaît le « duel », qui se forme en ajoutant la terminaison ـان / ان au mot au singulier. Le duel est utilisé pour désigner deux exemplaires de quelque chose. Pour les mots féminins qui se terminent en ة / ـة, il faut ajouter la terminaison تان / ـتان.

13 Écrivez au duel les cinq parties du corps indiquées dans le dessin ci-dessous.

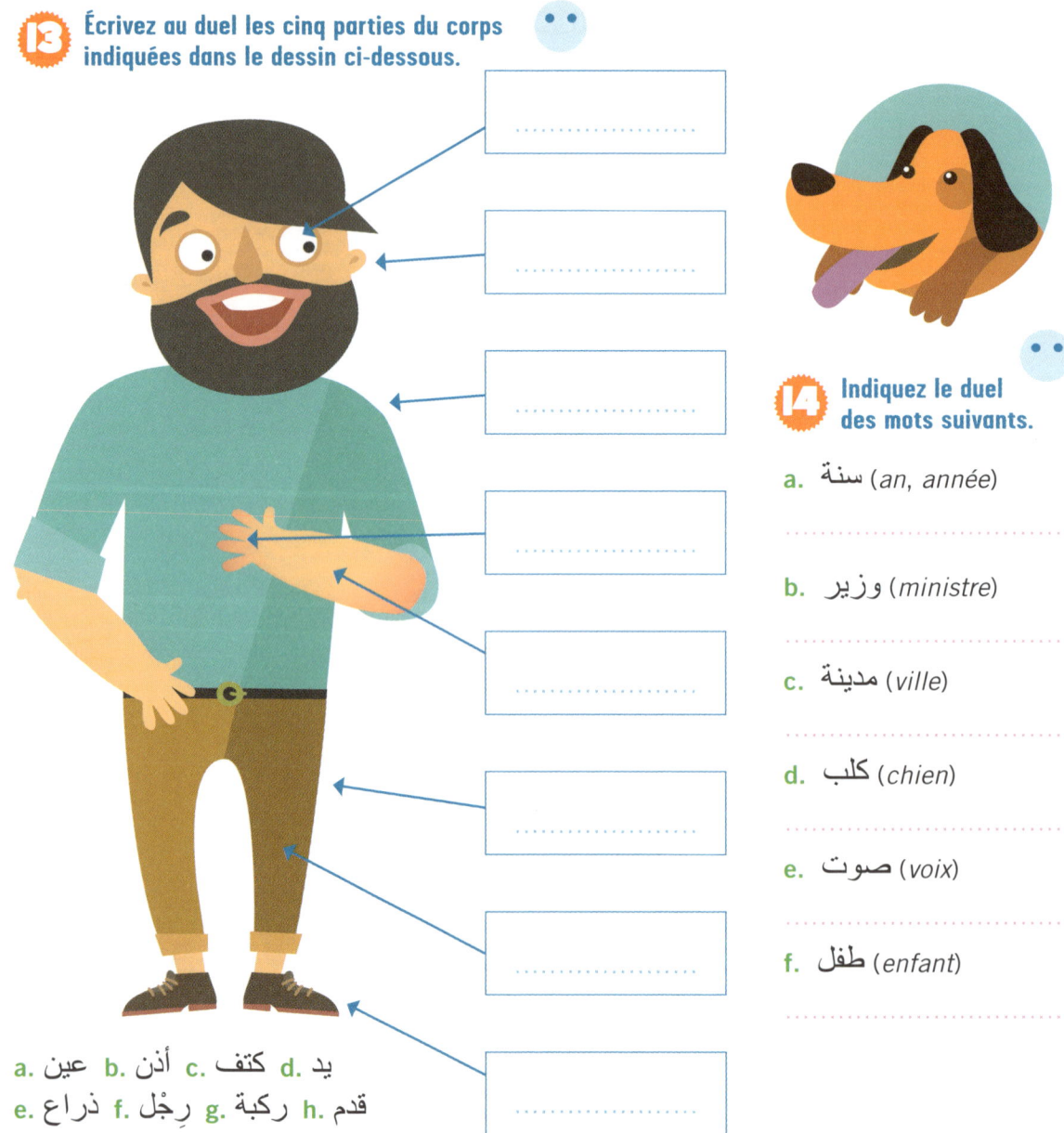

14 Indiquez le duel des mots suivants.

a. سنة (*an, année*)

....

b. وزير (*ministre*)

....

c. مدينة (*ville*)

....

d. كلب (*chien*)

....

e. صوت (*voix*)

....

f. طفل (*enfant*)

....

a. عين b. أذن c. كتف d. يد
e. ذراع f. رِجْل g. ركبة h. قدم

CHAPITRE 6 : LE PLURIEL

La désignation collective

En plus du pluriel et du duel, on peut regrouper certains mots sous forme collective. C'est souvent le cas avec **les légumes, les fruits, les fleurs, les arbres et les animaux**. Ces mots désignent un nombre indéfini et ils sont pour la plupart considérés comme masculin singulier.

Par exemple, le mot بطّيخ désigne des pastèques en général. Si on veut parler d'une seule pastèque, on ajoute la lettre ة : بطّيخة – ce qui fait que ce mot est considéré comme féminin. À la différence de la désignation collective, le pluriel (beaucoup se construisent en ـات / ات, mais d'autres prennent la forme du pluriel interne) et le duel ne sont utilisés que si on parle d'un nombre défini : خمس بطّيخات *cinq pastèques*.

15 Complétez le tableau suivant.

Pluriel	Duel	Singulier	Forme collective
			بطّ
		تفّاحة	
	حمامتان		
		جوزة	
دجاجات			
			فراش
	لوزتان		
موزات			

Banque de mots

بطّة	(un) canard
تفّاحة	(une) pomme
جوزة	(une) noix
حمامة	(un) pigeon
دجاجة	(une) poule
فراشة	(un) papillon
لوزة	(une) amande
موزة	(une) banane

16 Reliez chacun de ces mots collectifs à son pluriel interne. Puis trouvez le singulier.

a • حبوب   1 • شجر ....
b • زهور/ أزهار   2 • بقل ....
c • أشجار   3 • سمك ....
d • غزلان   4 • حبّ ....
e • أسماك   5 • بقر ....
f • بقول   6 • غزال ....
g • أبقار   7 • زهر ....

CHAPITRE 6 : LE PLURIEL

Banque de mots

بقرة	(une) vache
بقلة	(une) épice
حبّة	(un) grain
زهرة	(une) fleur
سمكة	(un) poisson
شجرة	(un) arbre
غزالة	(une) gazelle

17 Décidez quelle forme doit être ajoutée dans les six phrases suivantes. Exemple :

لا أحبّ الطّير، ولكنّ صوت هذه ... جميل جدّاً.

لا أحبّ الطّير، ولكنّ صوت هذه الطّيرة جميل جدّاً.

a. لا يعجبني .... ، ولكنّ رائحة هذه الوردة طيّبة جدّاً.

b. في قريتي النّخل كثير وحتّى في حديقتي توجد ثلاث ....

c. التّمر مِن بلدي مشهور. هل تحبّ أن تذوق .... واحدة مِنه؟

d. سمعتُ أنّ عندكَ غنم للبيع. بكم ستّ .... ؟

e. كلّ يوم آكُل بيضة للفطور. وأنتَ؟ هل عندكَ أيضاً .... في بيتكَ؟

f. علي قال إنّ .... لذيذة جدّاً في ذلك المطعم! هيّا نأكل فرخة مشويّة!

Banque de mots

لا أحبّ	(je) n'aime pas	ذلك	ce, celui-là	آكُل	(je) mange
لا يعجبني	(il) ne me plaît pas	رائحة	odeur	أنتَ	toi, tu [m.]
لذيذ	délicieux	ستّ	six [f.]	بكم؟	Combien ?
للبيع	à vendre	سمعتُ أنّ	(j'ai) entendu que	بيضة	(un) œuf
مشويّ	rôti	طيّب	bien, bon	تحبّ أن	(tu) veux que ..., (tu) aimes que ... [m.]
نأكل	(nous) mangeons	طيرة	(un) oiseau	تذوق	(tu) goûtes [m.]
نخلة	(un) palmier	غنمة	(un) mouton	تمرة	(une) datte
هيّا...	Allons...	فرخة	(un) poulet	توجد	(elle) y a
واحدة	une	فطور	petit-déjeuner	ثلاث	trois [f.]
وردة	(une) rose	قال إنّ	(il) a dit que	حتّى	même, jusqu'à
		كلّ يوم	chaque jour	حديقة	jardin

CHAPITRE 6 : LE PLURIEL

 18 Lisez ce dialogue qui a lieu chez un vendeur de fruits et légumes, et traduisez les mots français qui se trouvent entre parenthèses.

البائع : أهلاً وسهلاً! .... (1) و .... (2) اليوم طازجة وكثيرة!

سمير : مِن فضلكَ عشر .... (3) ، .... (4) صغيرة، كيلو .... (5) ، كيلويين .... (6) و .... (7).

البائع : مِن .... (8) الأخضر أم الأحمر؟

سمير : أحمر لو سمحتَ. سآخذ أيضاً .... (9) كبيرة، كيلو .... (10) ونصف كيلو .... (11) وهل عندكَ .... (12)؟

البائع : للأسف، لا. اليوم ليس عندنا .... (13). هل تريد شيئاً غيره؟

سمير : لا، شكراً. بكم كلّ شيء؟

البائع : فقط ٥٢ ديناراً.

سمير : تفضّل!

(1) légumes, (2) fruits, (3) citrons, (4) un concombre, (5) pêches, (6) pommes de terre, (7) deux poivrons, (8) poivrons, (9) un melon, (10) mangues, (11) raisins, (12) olives, (13) olives.

Contrairement au français, l'arabe ne connaît pas de distinction entre le tutoiement et le vouvoiement. Pour s'adresser à une personne, on emploie la 2e personne du singulier.

Banque de mots

للأسف	malheureusement	سآخذ	(je) prendrai	أم	ou
لو سمحتَ	si tu [m.] permets	سمير	Samir	بائع	vendeur
ليس	(il) n'est pas	شمّامة	(un) melon	بطاطس	pommes de terre
ليمونة	(un) citron	طازج	frais	بكم كلّ شيء؟	Combien ça fait ?
مانجو	(une) mangue	عشر	dix [f.]	تفضّل!	Tiens ! [m.]
مِن فضلكَ	s'il te [m.] plaît	عنب	raisins	خضر	légumes
نصف	demi	فاكهة	fruits	خوخة	(une) pêche
هل تريد شيئاً غيره؟	Veux-tu [m.] autre chose ?	فقط	seulement	خيارة	(un) concombre
		فلفلة	(un) poivron	دينار	dinar
		كيلو	kilo		
		لا	non	زيتون	olives

مبروك! (Félicitations !) Vous êtes venu à bout du chapitre 6 ! Il est maintenant temps de comptabiliser les icônes et de reporter le résultat en page 128 pour l'évaluation finale.

7. Les cas grammaticaux

L'arabe utilise trois cas, qui s'appliquent aux noms, adjectifs et participes : le **cas sujet** (الرّفع), le **cas direct** (النّصب) et le **cas indirect** (الجرّ).

Le cas direct correspond principalement à la notion de complément d'objet direct (COD) du français ; il est aussi utilisé pour former des compléments de manière et de temps. Le cas indirect s'emploie après les prépositions, et aussi pour le deuxième terme d'une annexion. Comparez : هذا كتابٌ! *C'est un livre !* (cas sujet), أقرأ كتاباً. *Je lis un livre* (cas direct), هذا مكتوب في كتابٍ. *C'est écrit dans un livre* (cas indirect).

Pour les noms au singulier, la marque du cas sujet est la voyelle courte **damma**, celle du cas direct est la **fatha** et celle du cas indirect la **kasra** ; toutes sont placées à la fin du mot. De plus, on distingue les déclinaisons des noms définis – ceux qui sont accompagnés d'un article ou d'un complément – et indéfinis. Les noms indéfinis sont marqués par des doubles voyelles appelées **tanwîn**, et lorsque le **tanwîn** du cas direct (ً) ne tombe pas sur un ة ou ء final, on le met sur un **alif** (ا) ajouté.

	Défini	Indéfini
Cas sujet	الولدُ – اللّغةُ – السّماءُ	ولدٌ – لغةٌ – سماءٌ
Cas direct	الولدَ – اللّغةَ – السّماءَ	ولداً – لغةً – سماءً
Cas indirect	الولدِ – اللّغةِ – السّماءِ	ولدٍ – لغةٍ – سماءٍ

Au duel, il n'y a pas de **tanwîn**, la terminaison ان / ـان devient ـين / ين aux cas direct et indirect :

	Défini	Indéfini
Cas sujet	الولدانِ – اللّغتانِ	ولدَينِ – اللّغتَينِ
Cas direct et indirect	الولدينِ – اللّغتينِ	ولدَينِ – لغتَينِ

Au pluriel externe, la terminaison du masculin ون / ونَ se transforme en ـينَ / ينَ aux cas direct et indirect :

	Défini	Indéfini
Cas sujet	المسافرونَ	مسافرونَ
Cas direct et indirect	المسافرينَ	مسافرينَ

Au pluriel externe, la terminaison du féminin ات / ـات applique le **tanwîn** aux cas direct et indirect de l'indéfini :

	Défini	Indéfini
Cas sujet	السّيّاراتُ	سيّاراتٌ
Cas direct et indirect	السّيّاراتِ	سيّاراتٍ

Pour les noms diptotes, le **tanwîn** n'est jamais appliqué et le cas indirect est aussi formé en ajoutant la **fatha** (la **kasra** ne s'applique pas). C'est très souvent (mais pas toujours) le cas pour les pluriels internes et les adjectifs qui sont formés sur le schéma أَفْعَل.

	Défini	Indéfini
Cas sujet	المكاتبُ – الأحمرُ	مكاتبُ – أحمرُ
Cas direct	المكاتبَ – الأحمرَ	مكاتبَ – أحمرَ
Cas indirect	المكاتبِ – الأحمرِ	مكاتبَ – أحمرَ

CHAPITRE 7 : LES CAS GRAMMATICAUX

1 Déclinez les noms entre parenthèses au cas direct.

a. شربتُ .... (ماء معدنيّ).

b. هيّا نأخذ .... (الأمتعة)!

c. افتحي .... (الباب)!

d. أعطيني .... (عصير فواكه)!

e. هل تريد .... (قهوة يمنيّة)؟

f. هل تعرف .... (مطرب مشهور)؟

Banque de mots

أعطيني!	Donne-moi ! [f.]
افتحي!	Ouvre ! [f.]
أمتعة	bagages
تريد	(tu) veux [m.]
تعرف	(tu) sais [m.]
شربتُ	j'ai bu
عصير فواكه	jus de fruits
ماء معدنيّ	eau minérale
مطرب	chanteur
نأخذ	(nous) prenons
يمنيّ	yéménite

2 Déclinez les noms entre parenthèses au cas indirect.

a. أفضّل شاياً بلا .... (سكّر)!

b. هل أنتم في .... (عطلة) الآن؟

c. سلّم لنا على .... (المدرّسون)!

d. تعال مع .... (شرطيّ)!

e. مررتم بـ .... (مكتب البريد)؟

f. هناك كثير مِن .... (الوجبات اللّبنانيّة).

CHAPITRE 7 : LES CAS GRAMMATICAUX

Banque de mots

سلّم لنا على...	Salue de ma part... [m.]	أفضّل	(je) préfère
شاي	thé	أنتم	vous [m.]
شرطيّ	policier	بـ	à, avec, dans, par
عطلة	vacances, congé	بلا	sans
مررتم بـ	(vous) êtes passés par	تعال!	Viens ! [m.]
مكتب البريد	bureau de poste	سكّر	sucre
وجبة	plat		

3 Ajoutez les terminaisons manquantes des mots en couleur.

a. عندنا مشكلة كبيرة! متى يجيء الكهربائيّ؟
b. يوم أمس وصل سوّح فرنسيّون إلى هذا الفندق.
c. مَن دخل المكتب؟ ما رأيتُ المدير العام.
d. خذ هذه الحقائب الثّقيلة كلّها! هل هناك موقف تاكسي؟
e. اشتريتُ جريدة جزائريّة. وقرأتُ كثيراً عن الرّياضة.
f. يجلس الضّيوف الضّخمون على مائدة كبيرة في مطعم صغير.
g. رتّب الغرفة الواسعة الّتي في الطّابق الثّالث!
h. هذا الرّجُل تاجر مشهور في السّوق القديم.

CHAPITRE 7 : LES CAS GRAMMATICAUX

Banque de mots

كهربائيّ	électricien	رتّب	(il) a rangé	اشتريتُ	j'ai acheté
ما رأيتُ	(je) n'ai pas vu	رياضة	sport	إلى	à, vers
متى؟	Quand ?	ضخم	énorme, massif	تاجر	commerçant
مدير	directeur	طابق	étage	تاكسي	taxi
مشكلة	problème	عام	général	الّتي	laquelle
موقف	arrêt	عن	de, sur, concernant	ثالث	troisième [m.]
وصل	(il) est arrivé			جزائريّ	algérien
يجلس	(il) s'assoit	فرنسيّ	français	خذ!	Prends ! [m.]
يجيء	(il) vient	قرأتُ	j'ai lu	دخل	(il) est entré

 Traduisez les phrases suivantes et n'oubliez pas les terminaisons des cas.

a. Je suis allé au musée national avec deux amies.

b. As-tu [m.] vu le nouveau film tunisien ?

c. Au centre-ville, il y a une boutique de vêtements bon marché.

d. Nous avons parlé des collègues et on a bu du thé à la menthe.

e. Quand est-ce que vous avez la réunion avec l'agence égyptienne ?

f. La visite de la vieille ville est parfaite. Nous avons un très bon guide.

g. Est-ce que tu [f.] connais le fiancé de ma sœur ? Il a aussi étudié le droit.

h. L'avion est arrivé après un voyage long et fatigant.

CHAPITRE 7 : LES CAS GRAMMATICAUX

Banque de mots

سياحيّ	touristique		اجتماع	réunion	
مُتعِب	fatigant		تحادثنا عن	(nous) avons parlé de	
مرشد	guide		تونسيّ	tunisien	
ملابس	vêtements		دكّان	boutique, magasin	
ممتاز	parfait, super		ذهبتُ	(je) suis allé(e)	
نعناع	menthe		زيارة	visite	
وصلتْ	(elle) est arrivée				
وطنيّ	national				

5 Transformez les mots définis en indéfinis.

a. وصلتْ الرّسالةُ المهمّةُ مِن الإسكندريةِ. ....

b. هل وجدتَ الدّليلَ الجيّدَ؟ ....

c. لبستُ القميصَ الأسودَ. ....

d. سافرتُ بالباصِ وبالقطارِ. ....

e. اشترى حسن الكراريسَ والحاسبةَ. ....

f. درّستْ عزيزة اللّغاتِ الشّرقيّةَ في الجامعةِ. ....

g. أخدتُ القلمَ مِن المهندسينَ. ....

h. قرأنا المؤلّفاتِ مِن الشّعراءِ السّوريّينَ. ....

CHAPITRE 7 : LES CAS GRAMMATICAUX

Banque de mots

سوريّ	syrien		أخدتُ	j'ai pris
شاعر / شعراء	poète [sg./pl.]		الإسكندرية	Alexandrie
شرقيّ	oriental		اشترى	(il) a acheté
عزيزة	Aziza		باص	bus
كرّاسة / كراريس	cahier [sg./pl.]		حاسبة	calculatrice
لبستُ	j'ai mis (vêtements)		حسن	Hassan
لقطار	train		درّستْ	(elle) a enseigné
مهمّ	important		دليل	preuve, démonstration
مؤلّف	œuvre (littéraire)		رسالة	lettre
وجدتَ	(tu) as trouvé [m.]		سافرتُ	j'ai voyagé

6 Mettez ces phrases au pluriel et n'oubliez pas les terminaisons des cas.

a. هذا أمرٌ صعبٌ. ....

b. بنى مهندسٌ عمارةً ضخمةً. ....

c. زار الطّبيبُ شخصاً مريضاً. ....

d. كنتُ عند بنتٍ جميلةٍ. ....

e. نظّف الفنجانَ الوسخَ! ....

f. طها ولدٌ طعاماً لرفيقٍ. ....

Banque de mots

فنجان	tasse		صعب	difficile		أمر	affaire, question
كنتُ	j'étais, j'ai été		طبيب	médecin		بنى	(il) a bâti
نظّف	(il) a nettoyé		طعام	nourriture		رفيق	compagnon, camarade
وسخ	sale		طها	(il) a cuisiné		زار	(il) a visité

CHAPITRE 7 : LES CAS GRAMMATICAUX

L'annexion

En arabe, les noms peuvent prendre un autre nom comme complément, créant ainsi des compositions (exemple : *le livre du professeur*) : on appelle cela l'annexion, ou الإضافة.

Lorsqu'un nom en « gouverne » un autre, il ne prend pas d'article, et il peut, selon la phrase, être au cas sujet, au cas direct ou au cas indirect sans jamais appliquer le **tanwîn**. Il est placé devant le substantif gouverné qui se trouve, quant à lui, toujours au cas indirect et peut être défini ou indéfini. Exemple : *le livre du professeur* كتابُ المعلِّمِ, *un livre d'un professeur* كتابُ معلِّمٍ.

L'annexion peut être construite entre plusieurs mots, dont seul le dernier nom porte l'article quand il s'agit d'une construction définie : *le livre du fils du professeur* كتابُ ابنِ المعلِّمِ.

L'article n'est pas attaché quand le substantif gouverné porte un pronom : *le livre de ton professeur* كتابُ معلِّمِكَ.

Lorsque le premier nom se trouve au duel ou au pluriel externe du masculin, il perd le ن final : *les professeurs de l'école* معلِّمو المدرسةِ.

7 Créez des mots en annexion en mettant toujours l'article et la terminaison correcte.

a. باب + دار = ...
b. موقف + باصات = ...
c. علبة + سجائر = ...
d. وسط + مدينة = ...
e. مدرّسان + كيمياء = ...
f. طلّاب + كلّيّة + لغات = ...
g. مفتاح + باب + غرفتنا = ...
h. طبّاخون + مطعم + سمك = ...

Banque de mots

cigarette	سيجارة / سجائر
paquet	علبة
faculté	كلّيّة
chimie	كيمياء
clé	مفتاح

CHAPITRE 7 : LES CAS GRAMMATICAUX

Banque de mots

باب / أبواب	porte [sg./pl.]
تاجر	commerçant
تاريخ	date
جواز	permis
زوجة	épouse
سجّاد	tapis (de prière)
سفر	voyage
سؤال / أسئلة	question
وزارة	ministère
وصول	arrivée

8 Créez des mots en annexion, cette fois-ci de façon indéfinie (sans l'article) mais toujours avec la terminaison correcte.

a. زوجة + صاحب = ...

b. عنوان + متحف = ...

c. جواز + سفر = ...

d. أبواب + بيوت = ...

e. موظّفون + وزارة = ...

f. أسئلة + طالبات + جامعة = ...

g. تاريخ + وصول + مسافرون = ...

h. مكتب + تاجر + سجّاد = ...

9 Traduisez ces groupes de mots.

a. Le conducteur de la voiture ....

b. La chambre à coucher ....

c. Le pommier (littéralement : l'arbre de pommes) ....

d. Un dentiste (littéralement : docteur des dents) ....

e. Une tasse de café ....

f. Un château du roi ....

g. Les vendeurs de fleurs ....

h. Le directeur de la banque de l'État ....

Banque de mots

سائق	conducteur
نوم	sommeil
سنّ / أسنان	dent [sg./pl.]
قصر	château
وطن	État, patrie

CHAPITRE 7 : LES CAS GRAMMATICAUX

10 Créez des phrases logiques en mettant les mots dans le bon ordre.

a. اسمُ / كريمِ / لا / أعرف / ما / عائلةِ
....

b. العربيّةِ / صعبٌ / امتحانُ / هل؟
....

c. في / ولادتِكَ / تاريخَ / هذه / اكتبْ / الوثيقةِ
....

d. رخصةَ / على / قيادةٍ / رأيتِ / طاولةِ / هل / مكتبي
....

e. ذهبٍ / اشترينا / قديمةً / ساعةً / جدّاً
....

f. مدرّسي / الولدِ / بجانبِ / جلستُ / أمس
....

Banque de mots

ساعة	montre, horloge	اسم	nom
عائلة	famille	أعرف	(je) connais, (je) sais
العربيّة	(la langue) arabe	اكتبْ!	Écris ! [m.]
قيادة	conduite	امتحان	examen, test
ما؟	Quoi ?	بجانب	à côté
وثيقة	document	رأيتِ	(tu) as vu [f.]
ولادة	naissance	رخصة	permis

مبروك! (Félicitations !) Vous êtes venu à bout du chapitre 7 ! Il est maintenant temps de comptabiliser les icônes et de reporter le résultat en page 128 pour l'évaluation finale.

8. Les pronoms personnels

L'arabe distingue les pronoms personnels isolés (placés devant un verbe, ils ont une valeur d'insistance et sont facultatifs) et les pronoms personnels affixes.

Les pronoms personnels isolés :

Les pronoms personnels isolés de l'arabe sont les suivants.

- Au singulier : أنا (*moi*), أنتَ (*toi* [m.], *vous* [m.sg.]), أنتِ (*toi* [f.], *vous* [f.sg.]), هو (*lui*), هي (*elle*).
- Au duel : هما (*eux deux* [m.], *elles deux* [f.]), أنتما (*vous deux* [m./f.]).
- Au pluriel : نحن (*nous*), أنتم (*vous* [m.pl.]), أنتنّ (*vous* [f.pl.]), هم (*ils*), هنّ (*elles*).

Rappel : contrairement au français, l'arabe ne connaît pas de distinction entre le **tutoiement** et le **vouvoiement**. Pour s'adresser à une personne, on emploie la deuxième personne du singulier au masculin ou au féminin.

 Quel pronom personnel faut-il utiliser dans ces situations ?

a. Quand vous parlez de vous-même ....

b. Quand vous parlez de deux amies ....

c. Quand vous adressez la parole à une femme ....

d. Quand vous parlez d'un collègue ....

e. Quand vous parlez à un inconnu ....

f. Quand vous parlez de vous-même et d'un proche ....

Complétez les espaces à l'aide du pronom personnel qui convient.

a. أنا وأنتَ في باريس. ← .... في باريس.

b. فاطمة وعلي في الجزائر. ← .... في الجزائر.

c. هل الأصدقاء موجودون في غرفة الصّفّ؟ ← هل .... موجودون في غرفة الصّفّ؟

d. مريم، عزيزة وليلى مِن القاهرة. ← .... مِن القاهرة.

e. أحمد وأنتَ معلّمان في مدرسة كبيرة. ← .... معلّمان في مدرسة كبيرة.

f. أين أنتِ وبلال؟ ← أين ....؟

g. هل تعرف أين البنت؟ ← هل تعرف أين ....؟

h. يوسف كويتيّ، صحيح؟ ← .... كويتيّ، صحيح؟

Banque de mots

باريس	Paris
بلال	Bilal
صحيح؟	N'est-ce pas ?
كويتيّ	koweïtien
ليلى	Laïla
مريم	Maryam
موجود	présent

 Remplacez le nom par un pronom personnel à la troisième personne.

a. (الشّباب) .... مجانين.

b. (الرَّجُلان) .... ضخمان.

c. (الكلبة) .... قبيحة.

d. (المحاميات) .... في المحكمة.

e. (الدّرّاجات) .... سريعة.

f. (الشّرطيّ) .... دائماً تعبان.

g. (الأفلام) .... مشوّقة جدّاً.

Banque de mots

دراجة	vélo
سريع	rapide, vite
ضخم	gros
مجنون	fou
مشوّق	intéressant

CHAPITRE 8 : LES PRONOMS PERSONNELS

4 Mettez ces phrases au pluriel. Exemple :

هو سائح ← هم سوّاح

a. أنا تاجر ← ....
b. أنتَ طبيب ← ....
c. أنتِ موظّفة ← ....
d. هي مهندسة ← ....
e. هو طالب ← ....
f. أنا جار ← ....

5 Mettez ces phrases au duel.

a. هل أنتَ في المكتب؟ ← هل ...... في المكتب؟
b. هي مريضة اليوم. ← .... اليوم.
c. هو أستاذ في الجامعة. ← .... في الجامعة.
d. أنتِ ممرّضة في المستشفى. ← .... في المستشفى.
e. هو خبّاز في السّوق. ← .... في السّوق.
f. أنتَ مسافر إلى دمشق. ← .... إلى دمشق.

Banque de mots

| أستاذ | professeur |
| مستشفى | hôpital |

6 Insérez les pronoms suivants au bon endroit dans les phrases.

هو – هما – هي – أنا – أنتما – نحن

a. هل أنا وياسمين مِن العراق؟ – لا، .... مِن سوريا.
b. سليمان مغربيّ، أليس كذلك؟ – نعم، .... مِن الرّباط.
c. هل أنتِ شبعانة؟ – نعم، .... شبعانة جدّاً.
d. هل محمّد وحافظ مِن لبنان؟ – لا، .... مِن ليبيا.
e. مِن أين أنتما؟ – .... مِن السّودان.
f. أين الكعبة؟ – .... في مكّة المكرّمة.

CHAPITRE 8 : LES PRONOMS PERSONNELS

Banque de mots

الكعبة	la Kaaba	أليس كذلك؟	N'est-ce pas ?
ليبيا	Libye	حافظ	Hafez
مغربيّ	marocain	الرّباط	Rabat
مكّة	La Mecque	سليمان	Slimane
مكرّم	respecté	السّودان	Soudan
مِن أين؟	d'où ?	شبعان	rassasié
نعم	oui	العراق	Irak
ياسمين	Yasmine		

Les pronoms personnels affixes

Les pronoms personnels peuvent avoir une forme affixée à un verbe ou à une préposition. Ils ont alors la fonction de complément d'objet direct.

Singulier		Duel		Pluriel	
me [m./f.]	ي/ني			nous	نا
te [m.]	كَ	vous deux [m./f.]	كما	vous [m.]	كم
te [f.]	كِ			vous [f.]	كنّ
le ; lui [m.]	ه	eux deux ; elles deux	هما	les [m.] ; leur [m.]	هم
la ; lui [f.]	ها			les [f.] ; leur [f.]	هنّ

- Pour la première personne du singulier, ني est appliqué quand le mot auquel il est affixé est un verbe : هذا يعجبني *ça me plaît* ; s'il s'agit d'une préposition, on utilise ي : معي *avec moi*.

- Lorsque les formes de la troisième personne suivent une préposition, on applique les règles du cas indirect. On les prononce respectivement فيهِ : هِنّ , هِما , هِم et هِـ , *dans lui*.

- Pour exprimer une réciprocité, on peut ajouter les pronoms personnels affixes au mot نفس (âme), qui devient au pluriel أنفس.

CHAPITRE 8 : LES PRONOMS PERSONNELS

Banque de mots

أفكّر في	je pense à
بطاقة بريديّة	carte postale
تتّصلين	tu [f.] appelles
تجيئين	tu [f.] viens
شيء	chose
كلّ شيء	tout
نكتب	nous écrivons

7 Ajoutez les pronoms personnels affixes qui correspondent aux pronoms personnels entre parenthèses.

a. هذه هديّة لـ .... (أنتِ).
b. هل عند .... (هو) تذكرة؟
c. دائماً أفكّر فيـ .... (هنّ).
d. أعرف كلّ شيء منـ .... (أنتما).
e. هل تجيئين معـ .... (أنا)؟
f. لماذا تتّصلين بـ .... (هي)؟
g. السّلام عليـ .... (أنتم).
h. نكتب لـ .... (هم) بطاقة بريديّة.

8 Reliez chaque phrase à sa traduction en français.

1 • أعطني!   • a Excuse-moi !
2 • اجلب لنا!   • b Dis-moi !
3 • قل لي!   • c Apporte-nous !
4 • أعذرني!   • d Montre-moi !
5 • أرني!   • e Donne-moi !

9 Dans les phrases suivantes, remplacez les noms par des pronoms personnels affixes.

a. أنا مشتاق إلى مايا. ← أنا مشتاق إليـ ....
b. نحن نحبّ الحمّص. ← نحن نحبّ ....
c. أنتَ تفكّر في الأطفال. ← أنتَ تفكّر فيـ ....
d. هل رأيتِ عثمان وعبدالله؟ ← هل رأيتِ ....؟
e. متى تتّصل بالبنات؟ ← متى تتّصل بـ ....؟

CHAPITRE 8 : LES PRONOMS PERSONNELS

Banque de mots

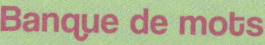

عثمان	Othmane
مايا	Maya
مشتاق إلى	qui se languit de, à qui qqch manque
نحبّ	(nous) aimons

تتّصل	tu [m.] appelles
تفكّر في	tu [m.] penses à
حمّص	houmous
رأيتِ	tu [f.] as vu
عبدالله	Abdallah

10 Complétez ce tableau en ajoutant aux prépositions les formes correctes des pronoms personnels.

	هم	أنتم	أنتما	هي	أنتَ	
سوف أكتب لـ...						
ذهبتُ إليـ...						
نثق بـ...		بكم				
أريد أن أسافر معـ...					معكَ	
ما سمعتُ شيئاً عنـ...						
كنّا هناك بدونـ...						

Banque de mots

أريد أن	(je) veux que
أسافر	(je) voyage
بدون	sans
ذهبتُ	(je) suis allé
سوف أكتب	(je) vais écrire, j'écrirai
شيئاً	une chose, ici : rien
كنّا	(nous) étions, (nous) avons été
ما سمعتُ	(je) n'ai pas écouté, (je) n'ai pas entendu
نثق بـ	(nous) faisons confiance à

CHAPITRE 8 : LES PRONOMS PERSONNELS

11 Reliez ces phrases françaises à leur traduction en arabe.

Il t'a vu. 1 •	• a	رأتنا.
Est-ce que tu me vois ? 2 •	• b	هل ترونها؟
Nous l'avons vu. 3 •	• c	هل تراني؟
Elle nous a vus. 4 •	• d	رآكَ.
Est-ce que vous la voyez ? 5 •	• e	رأوكِ.
Ils t'ont vu. 6 •	• f	رأيناه.

12 Complétez ces phrases en utilisant le bon pronom personnel affixe.

a. Je l'ai (l' = [m.]) fait moi-même. أنا فعلتـ...... بنفسـ....... .

b. Est-ce que tu [f.] l'as (l' = [f.]) dessiné toi-même ? هل رسمتِـ...... بنفسـ...... ؟

c. Il se voit au miroir. هو يرى نفسـ...... في المرآة.

d. Ils s'aident au bureau. هم يساعدون أنفسـ...... في المكتب.

e. Nous nous voyons comme des enfants. نحن نرى أنفسـ...... كأولاد.

f. Elle a acheté les fleurs pour elle-même. اشترتْ الأزهار لنفسـ...... .

Avoir, appartenir et posséder

En ajoutant les terminaisons des pronoms personnels affixes à la préposition عند (*chez*), on exprime l'équivalent du verbe *avoir* : عندي (*j'ai*), عندكَ (*tu* [m.] *as*), عندكِ (*tu* [f.] *as*), عنده (*il a*), etc. Cette tournure avec عند est la plus utilisée, mais il en existe d'autres avec les prépositions لدى (*chez*) ou لـ (*à, pour*), qui sont également suivies des pronoms personnels affixes : لدينا نقود *nous avons de l'argent (sur nous)*. La seule irrégularité est la première personne du singulier avec لديّ (litt. *chez moi = j'ai*) et لي (litt. *pour moi = j'ai*). Pour la négation, on met ليس devant la tournure, par exemple ليس عندي / لديّ / لي أولاد (*Je n'ai pas d'enfants*).

CHAPITRE 8 : LES PRONOMS PERSONNELS

 13 **Complétez avec les formes correctes de la construction avec عند.**

a. (فاطمة) ...... أخت وهي غير متزوّجة.
b. (كمال) ...... عائلة كبيرة.
c. وأنتَ؟ هل ...... أولاد؟
d. لا، لكن (أنا) ...... زوجة.
e. (أنتَ وزوجتك) ...... شقّة، أليس كذلك؟
f. لا، (نحن) ...... بيت في مدينة صغيرة.

Banque de mots

غير	ne pas
كمال	Kamal
لكن	mais
متزوّج	marié

Banque de mots

قطار	train
كبريت	allumettes
كمبيوتر	ordinateur
ليس	ne pas
نقود	argent
وقت	temps (qui passe)
يا سيّدي	(ô) monsieur

 14 **Complétez les phrases suivantes en utilisant les mots de la liste ci-dessous (chaque mot ne peut être utilisé qu'une seule fois).**

عندكِ – لديكم – لي – لدينا – عندكَ

a. يا شباب! هل .... وقت اليوم؟
b. قل لي يا سيّدي، .... كبريت؟
c. للأسف ليس .... نقود.
d. هل .... كمبيوتر في بيتكِ؟
e. أنا وعلي في القطار ولكن ليس .... تذاكر.

En arabe on utilise le petit mot يا (ô) devant un nom pour **appeler une personne**.

57

CHAPITRE 8 : LES PRONOMS PERSONNELS

15. Répondez aux questions en remplaçant les personnes par un pronom personnel affixe.
Exemple : هل عند أحمد ابن؟ ← نعم، عنده ابن.

a. هل عند ياسمين إخوة؟ ← لا، ....
b. هل عندكَ ابنة؟ ← نعم، ....
c. هل عند كامل وياسمين كتب؟ ← لا، ....
d. هل عندكم فكرة؟ ← نعم، ....
e. هل عند النّاس في هذه القرية عمل؟ ← لا، ....

Banque de mots

ابنة	fille
إخوة	frères

Les pronoms possessifs

En arabe, il n'existe que des suffixes possessifs qui servent à exprimer les adjectifs possessifs français : mon, ton, son, notre, votre, leur. Ces pronoms possessifs ne connaissent qu'une forme pour chaque personne et ne se distinguent donc pas selon le nombre et le genre grammatical de l'objet possédé. Ils ont la même forme que les pronoms personnels affixes et sont également suffixés à un nom.

- Pour la première personne du singulier, on utilise toujours ي / ـي : أختي *ma sœur*.

- Le ن final du duel et du pluriel disparaît lorsqu'un pronom personnel est suffixé : معلّموكم *vos professeurs*. Pour la première personne du singulier, la terminaison ون devient ـيَّ, et ان devient ـايَ : معلميَّ *mes professeurs*.

- Pour désigner le cas, on ajoute un ُ (َ au cas direct et ِ au cas indirect) aux objets possédés. Seule la première personne du singulier peut être suffixée sans cette voyelle de soutien. Les formes ِه / ِـهِ , ِهِما , ِهِم / ِهِنَّ sont utilisées lorsqu'il s'agit du cas indirect : هذا بيتُهُ *c'est sa maison*, في بيتِهِ *dans sa maison*.

CHAPITRE 8 : LES PRONOMS PERSONNELS

16 Complétez avec les pronoms possessifs.

a. Qui est ton [f.] fiancé ?   مَن خطيبـ.................... ؟
b. Où est votre mère ?   أين أمّـ.................... ؟
c. Comment s'appelle-t-il ? (Quel est son nom ?)   ما اسمـ.................... ؟
d. C'est notre quartier.   هذا حيّـ.................... .
e. Quel âge as-tu [m.] ? (Combien ton âge ?)   كم عمر.................... ؟
f. Sais-tu où est sa [f.] sœur ?   هل تعرف أين أختـ.................... ؟

17 Répondez aux questions en utilisant un pronom possessif affixe. Exemple :

ما اسم أخت سميرة؟ (رشيدة) ← اسمها رشيدة.

a. ما جنسيّة زينب ومريم وفاطمة؟ (مصريّة) ← ....
b. ما مهنتكَ أنتَ وفيصل؟ (مهندس) ← ....
c. ما اسم أبي أحمد؟ (سليم) ← ....
d. ما عنوان سليمان وعائلته؟ (صندوق بريد ٩٢٦٦٤ عمّان، الأردنّ) ← ....
e. ما جنسيّتكِ وجنسيّة معارفكِ؟ (لبنانيّة) ← ....
f. ما مهنتي أنا وزملائي؟ (طبيب) ← ....

Banque de mots

سليم	Salim	الأردنّ	Jordanie
صندوق بريد	code postal	جنسيّة	nationalité
عمّان	Amman	زينب	Zaynab
فيصل	Faysal		
معارف	personnes (qu'on connaît)		
مهنة	profession		

CHAPITRE 8 : LES PRONOMS PERSONNELS

 18 Remplissez les cases vides des deux tableaux ci-dessous.

Singulier

عينان	رأي	عائلة	ابن	
				أنا
	رأيكَ			أنتَ
		عائلتكِ		أنتِ
عيناه				هو
			ابنها	هي

Duel et pluriel

معلّمون	حيّ	قرية	شارع	
			شارعنا	نحن
		قريتكم		أنتم
				أنتنّ
معلّموكما				أنتما
	حيّهم			هم
				هنّ
				هما

Banque de mots

ابن	fils
حيّ	quartier
رأي	opinion

 19 Complétez le dialogue avec le possessif correct — la personne en question se trouve toujours entre parenthèses. Ajoutez aussi la voyelle finale du mot suffixé.

• هل هذه كرّاستــ .... (أنتَ)؟
• لا، هذه كرّاستــ .... (هو).
• جيّد! وهل تعرف أين قلمــ .... (هي)؟
• نعم، هو في غرفتــ .... (نحن).
• ولكن أين مفتاحــ .... (أنتم)؟
• لا أعرف، أظنّ أنّه في شنطتــ .... (هم).

CHAPITRE 8 : LES PRONOMS PERSONNELS

Banque de mots

أظنّ أنّ	(je) pense que
شنطة	sac

 Répondez aux questions suivantes en utilisant le pronom possessif correct. Exemple :

هل هذا مكتبه؟ (لا – أنا) ← لا، هذا مكتبي.

a. هل هذه سيّارتكَ؟ (لا – هي)

← ....

b. هل هذا أخوكِ؟ (لا – هما)

← ....

c. هل سألتَ أبانا؟ (لا – أنتم)

← ....

d. هل كنتم في غرفتهم؟ (لا – هو)

← ....

e. هل رأيتِ دفتري؟ (نعم – أنتَ)

← ....

f. هل تعرّفتما على والديّ؟ (نعم – أنتِ)

← ....

Banque de mots

تعرّف على	faire la connaissance de
دفتر	cahier, carnet
سألتَ	tu [m.] as demandé
كنتم	(vous) étiez, (vous) avez été

CHAPITRE 8 : LES PRONOMS PERSONNELS

Les pronoms possessifs (suite)

Lorsque les mots أب (*père*), أخ (*frère*) et حم (*beau-père*) comprennent un pronom affixe, ils portent la voyelle finale longue selon le cas auquel ils se trouvent. On aura donc أبو (au cas sujet), أبا (au cas direct), أبي et أبيـ (au cas indirect) pour أب. Mais à la première personne, ils ne changent pas, et on a donc dans tous les cas أبي (*mon père*).

21 Traduisez ces phrases.

a. J'ai vu ton [m.] père.

....

b. As-tu [f.] fait la connaissance de notre beau-père ?

....

c. Il vient avec son [m.] père.

....

d. Où travaille votre beau-père ?

....

e. Salue leur frère !

....

f. Connais-tu [m.] son [f.] frère ?

....

g. Comment va ton [f.] père ?

....

Banque de mots

تعرّفتِ على	tu as [f.] fait la connaissance de
رأيتُ	j'ai vu
سلّم (لي) على	salue [m.] (de ma part)
يجيء	(il) vient
يعمل	(il) travaille

CHAPITRE 8 : LES PRONOMS PERSONNELS

Vocabulaire autour du monde arabe

L'arabe est une langue officielle dans 27 États du monde, parlé par plus de 320 millions de personnes. Voilà les noms de quelques pays où l'arabe vous servira et l'adjectif adéquat.

Algérie	الجزائر	algérien/ne	جزائريّ / جزائريّة
Arabie Saoudite	السّعوديّة	saoudien/ne	سعوديّ / سعوديّة
Bahreïn	البحرين	bahreïnien/ne	بحرينيّ / بحرينيّة
Égypte	مصر	égyptien/ne	مصريّ / مصريّة
Émirats arabes unis	الإمارات	émirati	إماراتيّ / إماراتيّة
Irak	العراق	irakien/ne	عراقيّ / عراقيّة
Jordanie	الأردنّ	jordanien/ne	أردنيّ / أردنيّة
Koweït	الكويت	koweïtien/ne	كويتيّ / كويتيّة
Liban	لبنان	libanais/e	لبنانيّ / لبنانيّة
Libye	ليبيا	libyen/ne	ليبيّ / ليبيّة
Maroc	المغرب	marocain/e	مغربيّ / مغربيّة
Mauritanie	موريتانيا	mauritanien/ne	موريتانيّ / موريتانيّة
Oman	عُمان	omani	عُمانيّ / عُمانيّة
Palestine	فلسطين	palestinien/ne	فلسطينيّ / فلسطينيّة
Qatar	قطر	qatari	قطريّ / قطريّة
Soudan	السودان	soudanais/e	سودانيّ / سودانيّة
Syrie	سوريا	syrien/ne	سوريّ / سوريّة
Tunisie	تونس	tunisien/ne	تونسيّ / تونسيّة
Yémen	اليمن	yéménite	يمنيّ / يمنيّة

مبروك! (Félicitations !) Vous êtes venu à bout du chapitre 8 ! Il est maintenant temps de comptabiliser les icônes et de reporter le résultat en page 128 pour l'évaluation finale.

9
Démonstratifs et relatifs

Les démonstratifs

On distingue les démonstratifs de proximité et les démonstratifs d'éloignement.

	Singulier		Duel		Pluriel
	Masculin	Féminin	Masculin	Féminin	
Proximité (près de celui qui parle)	هذا	هذه	هذان (aux cas direct et indirect هذين)	هاتان (aux cas direct et indirect هاتين)	هؤلاء
Éloignement (loin de celui qui parle)	ذلك، ذاك	تلك	ذانك (aux cas direct et indirect ذينك)	تانك (aux cas direct et indirect تينك)	أولئك، أولائك

En plus de ذلك, on trouve ذاك, et pour أولئك on a aussi أولائك, mais ces formes sont plus rares. C'est également le cas pour les formes d'éloignement du duel, ذانك et تانك, qu'on remplace souvent par celles du singulier ou – quand il s'agit d'êtres animés – du pluriel. C'est-à-dire que bien qu'il serait correct de dire ذانك كلبان (ces deux chiens), on entend plus souvent أولئك كلبان.

- Quand les pronoms démonstratifs sont suivis d'un nom avec article, ils deviennent adjectifs et prennent le sens de **ce, cet, cette** ou **ces** : هذه البنت (cette fille-ci) ou تلك المرأة (cette femme-là).

- Dans une phrase nominale arabe – c'est-à-dire sans le verbe être au présent –, le pronom démonstratif peut être placé devant ou derrière le mot auquel il se réfère : هذه المدينة جميلة (cette ville [est] jolie) ou هؤلاء المصريّون لطفاء (Ces Égyptiens [sont] gentils).

- Lorsqu'un pronom démonstratif se réfère à un objet inanimé au pluriel, on utilise les formes du féminin et non celles du pluriel : تلك المدن نظيفة (Ces villes-là [sont] propres).

- Si les pronoms démonstratifs sont suivis d'un nom sans article, ils ont le sens de **c'est** ou **ce sont** : هذه مدينة كبيرة. (C'est une grande ville.)

Banque de mots

تدرس	elle étudie, elle apprend
حلويّات	sucreries
ذكيّ	intelligent
صحفيّ	journaliste
قرأتِ	tu [f.] as lu
كم؟	combien ?
كنتَ	tu [m.] étais, tu [m.] as été
مرّة	fois
مقالة	article
يكتب	(il) écrit

1 Complétez ces phrases avec les démonstratifs de proximité qui conviennent.

a. أين يعمل .... الرَّجُلان؟

b. أحبّ حلويّات .... الدَّكّان.

c. .... النّاس مِن دبيّ، أليس كذلك؟

d. يكتب .... الصّحفيّان السّوريّان لجريدتنا.

e. كم مرّة كنتَ في .... المدينة؟

f. هل قرأتِ .... المقالة؟

g. هل تدرس .... البنتان الذّكيّتان في الجامعة؟

2 Traduisez les phrases de l'exercice précédent.

a. ....

b. ....

c. ....

d. ....

e. ....

f. ....

g. ....

3 Reliez ces mots avec les démonstratifs d'éloignement adéquats. Les formes entre parenthèses sont plus fréquentes, car le duel est très rare dans la langue moderne.

Banque de mots

مسرح	théâtre
مشاهد	spectateur
ممثّل	acteur

a • ... ذلك   1 • ... الممثّلة

b • ... أولئك   2 • ... الممثّلان

c • ... (...) ذانك   3 • ... التّذكرتان

d • ... تلك   4 • ... المشاهدون

e • ... (...) تانك   5 • ... المسرح

CHAPITRE 9 : DÉMONSTRATIFS ET RELATIFS

4 Écrivez chaque mot de la liste ci-dessous dans la colonne correcte du tableau.

a. قميص b. نظران c. أطفال d. قصران e. نحلتان f. أذنان g. جنود h. طالبتان i. تنّورة j. دفاتر
k. أقرباء l. فرنسيّ m. صديقتان n. مسلمون o. مصباحان p. مدير q. قرون r. قصّة s. مفتاح t. هرمان

هذا	تلك	هذان	هاتان	هؤلاء

Banque de mots

أقرباء	parents, proches (de la famille)
تنّورة	jupe
جنديّ / جنود	soldat [sg./pl.]
دفاتر	cahiers, carnets
صديقة	amie, copine
قصر	château, palais
مسلم	musulman
مصباح	lampe
نحلة	(une) abeille
نظر	vue
هرم	pyramide

5 Complétez les phrases suivantes en utilisant les démonstratifs de la liste ci-dessous (chaque mot ne peut être utilisé qu'une seule fois).

هذين — هذا — هؤلاء — تلك — هاتين

a. ما كنتَ أبداً في .... المدينتين.

b. سافرتُ مع .... الطّالبين.

c. لماذا لا تذهب إلى .... السّوق؟

d. يعمل .... الوزراء كلّ يوم في البرلمان؟

e. عليها أن تتناول .... الأدوية.

Banque de mots

أبداً	jamais
برلمان	Parlement
تتناول	(elle) prend
تذهب	tu [m.] vas
دواء / أدوية	médicament [sg./pl.]
عليها أن	elle doit
وزير / وزراء	ministre [sg./pl.]

CHAPITRE 9 : DÉMONSTRATIFS ET RELATIFS

 Choisissez le démonstratif correct dans les cinq phrases suivantes.

4 ‫... صديقتي كريمة مِن بغداد.‬
a. ‫هذه‬
b. ‫هذا‬

1 ‫هل تعرفين ... المحامين؟‬
a. ‫هذا‬
b. ‫هؤلاء‬

5 ‫قد تحدّثتم مع ... الفلّاحَين؟‬
a. ‫هذين‬
b. ‫ذلك‬

2 ‫الدّرس كان أحسن مع ... المدرّس.‬
a. ‫ذلك‬
b. ‫هذه‬

3 ‫ماذا تفكّر عن ... المرأتين؟‬
a. ‫تلك‬
b. ‫هاتين‬

Banque de mots

‫أحسن‬	mieux
‫تحدّث‬	parler, causer
‫تعرفين‬	tu [f.] connais, tu [f.] sais
‫تفكّر عن‬	tu [m.] penses de
‫قد‬	déjà
‫كريمة‬	Karima

Les relatifs

Les pronoms relatifs ne s'emploient qu'après un nom déterminé et s'accordent en genre et en nombre avec le nom auquel ils se réfèrent. Les pronoms relatifs sont :

	Singulier	Duel	Pluriel
Masculin	‫الّذي‬	‫اللّذان‬ (‫اللّذين‬) aux cas direct et indirect	‫الّذين‬
Féminin	‫الّتي‬	‫اللّتان‬ (‫اللّتين‬) aux cas direct et indirect	‫اللّواتي/اللّاتي‬

CHAPITRE 9 : DÉMONSTRATIFS ET RELATIFS

- Lorsque le mot de référence n'est pas le sujet mais un complément du verbe, il doit être repris dans la phrase subordonnée sous forme de pronom personnel affixe attaché au verbe ou à la préposition : أحبّ الأغنيّة الّتي غنّيتَها (*J'adore la chanson que tu as chantée*). Dans cette sorte de phrase, on utilise souvent des pronoms personnels isolés dans la proposition principale : هذه هي السّيّارة الّتي اشتريتُها (*C'est la voiture que j'ai achetée*).
- Comme pour les pronoms démonstratifs, quand un relatif se réfère à un objet inanimé au pluriel, on utilise les formes du féminin et non celles du pluriel : البلدان الّتي رأيناها (*Les pays qu'on a vus*).

Banque de mots

بحثتُ عن	j'ai cherché
رواية	roman
شاعر	poète
قصيدة / قصائد	poème [sg./pl.]
كاتب	écrivain, auteur
كتبتا	elles (deux) ont écrit
كتبنا	(nous) avons écrit
كثيراً	beaucoup
مقال	article
يدرّس	(il) enseigne

7 Complétez avec le pronom relatif correct.

a. هذه هي رواية الكاتب .... بحثتُ عنها.

b. أين الولدان .... يدرسان كثيراً؟

c. هما الشّاعرتان .... كتبتا كلّ القصائد الجميلة.

d. مَن هو الأستاذ .... يدرّس العربيّة؟

e. هل قرأتِ المقال .... كتبناه؟

8 Créez une phrase en joignant les deux informations par un pronom relatif. Exemple :

هو طبيب. هو يعمل في المستشفى. ← هو الطبيب الّذي يعمل في المستشفى.

a. هو صحفيّ مشهور. هو كَتَبَ لجريدة مدينتنا. ←
....

b. هنّ تاجرات سوريّات. أبرمنا عقداً معهنّ. ←
....

c. هما بنتان. هما جاءتا مِن الخرطوم. ←
....

d. هما باحثان. هما يبحثان في العصر القديم. ←
....

CHAPITRE 9 : DÉMONSTRATIFS ET RELATIFS

Joignez les deux informations par un pronom relatif en attachant des pronoms affixes au verbe. Exemple :

أحبّ هذه الأغنيّة. غنّيتَ لي أغنيّة.
← أحبّ هذه الأغنيّة الّتي غنّيتَها لي.

Banque de mots

أبرمنا	(nous) avons conclu
باحث	chercheur
جاءتا	elles (deux) sont venues
الخرطوم	Khartoum
ساعدتُ	j'ai aidé
عصر	époque
عقد	accord, contrat
يبحثان في	ils (eux deux) recherchent

a. يعجبني هذا الفستان. اشتريتِ في باريس.

←..

b. أفضّل تلك الأكلات. طلبنا أكلات لذيذة.

←..

c. وجدتُ المطعم. تقصد مطعم في الإنترنت.

←..

d. أروني الصّور. التقطتم صور أمام الأهرام.

←..

Banque de mots

التقطتم	(vous) avez recueilli, (vous) avez pris	أروني	montrez-moi
صورة / صور	image [sg./pl.], photo [sg./pl.]	أكلة	plat
		أمام	devant
طلبنا	(nous) avons demandé	إنترنت	Internet
فستان	robe	أهرام	pyramides
وجدتُ	j'ai trouvé	تقصد	tu [m.] te diriges vers
يعجبني	(il) me plaît		

مبروك! (Félicitations !) Vous êtes venu à bout du chapitre 9 ! Il est maintenant temps de comptabiliser les icônes et de reporter le résultat en page 128 pour l'évaluation finale.

10. Les interrogatifs

Pour poser des questions ouvertes, c'est-à-dire des questions dont la réponse doit être une phrase complète, on emploie des pronoms interrogatifs – comme كم؟ (*combien ?*), كيف؟ (*comment ?*), متى؟ (*quand ?*), etc. – qui se placent généralement au début de la phrase.

- Pour exprimer « quoi ? », l'arabe utilise ما؟ et ماذا؟. Généralement, ماذا؟ s'emploie avec des verbes et donne plus d'importance à la question posée : ماذا فعلت؟ (*Qu'est-ce que tu as fait ?*) Au contraire, ما؟ ne s'emploie que dans les phrases non verbales : ما مهنتك؟ (*Quelle est ta profession ?*)

- Seul أيّ؟ (*quel ?*) possède aussi une forme au féminin أيّة؟. On fait donc une différence entre أي رَجُل؟ (*Quel homme ?*) et أيّة امرأة؟ (*Quelle femme ?*)

- Après كم؟, le nom est au cas direct au singulier : كم تلميذاً في المدرسة؟ (*Combien d'élèves sont à l'école ?*) Mais lorsque كم؟ a le sens de « combien / quel est-il ? », le nom qui suit est au cas sujet : كم السّاعة؟ (*Quelle heure est-il ?*)

- L'arabe connaît aussi des questions fermées, c'est-à-dire des phrases sans pronom interrogatif, et auxquelles on ne peut répondre que par نعم (*oui*), لا (*non*) ou ربّما (*peut-être*). La structure de ces phrases est la même que celle de la phrase affirmative, mais l'intonation de la voix change et on met la particule interrogative هل (*est-ce que*) au début. Pour une phrase négative, on a أ (*n'est-ce pas*).

 Retrouvez la traduction des pronoms interrogatifs suivants dans le tableau.

ق	أ	ي	ي	م
ح	ي	خ	ا	ب
م	ن	ى	ذ	ر
ظ	ج	ث	ز	ع
ل	ش	ك	ي	ف
م	س	م	ه	لا
ا	ؤ	ط	ن	غ
ذ	ف	م	ت	ى
ا	ت	ا	ء	ض

pourquoi   qui
quel   où
combien   comment
quoi   quand

2 Complétez avec le pronom interrogatif adéquat, selon le sens de la phrase.

متى – كيف – كم – أين – أيّ – ماذا

a. عفواً يا سيّدي، .... المحطّة؟
b. .... وصلتم إلى هناك؟ بالباص.
c. تدرسين مع .... معلّم؟
d. .... قلتَ؟ ما فهمتُ شيئاً!
e. .... عمركِ يا عائشة؟ عمري ٣٢.
f. .... وصلتْ مِن .... الظّهر بيروت؟ وصلتْ اليوم بعد الظّهر.

Banque de mots

ما فهمتُ	(je) n'ai pas compris	بعد الظّهر	l'après-midi
وصلتْ	(elle) est arrivée	تدرسين	tu [f.] étudies, tu [f.] apprends
وصلتم	(vous) êtes arrivés	عائشة	Aïcha
		عفواً	pardon
		عمر	âge
		قلتَ	tu [m.] as dit

Banque de mots

عمر	Omar
بالضّبط	exactement
مركز المدينة	centre-ville

3 Reliez chaque phrase avec le pronom adéquat.

1 ... جاءت أمس إلى حفلتنا؟   a • لِمَن
2 ... هو؟ هو ابن خالي، اسمه عمر.   b • إلى أين
3 ... أنتَ؟ أنا مِن دمشق.   c • مَن
4 ... هذا الكتاب؟ لا أعرف بالضّبط. أظنّ أنّه لكامل.   d • لماذا
5 ... تذهب؟ أذهب إلى مركز المدينة.   e • مِن أين

71

CHAPITRE 10 : LES INTERROGATIFS

ما؟ et ماذا؟ (suite)

En arabe classique, ما؟ servait aussi de pronom interrogatif devant un verbe. Cela pouvait prêter à confusion, car ما sert également pour former la négation d'un verbe au passé. Une phrase comme ما كتب الشاعر pouvait donc avoir deux traductions possibles : *le poète n'a pas écrit* ou *qu'est-ce que le poète a écrit ?* Dans la langue moderne, la distinction entre ما؟ et ماذا؟ selon les règles mentionnées page 70 permet d'éviter toute confusion.

4 Choisissez entre ما؟ et ماذا؟ dans les phrases suivantes.

a. .... اسم ولدكم؟
b. .... حدث بالضّبط؟
c. .... لون فستانكِ الجديد؟
d. .... معنى هذه الكلمة؟
e. .... جنسيّتكَ؟
f. .... قال لكَ المدير العام؟

Banque de mots

حدث	(il) s'est passé
قال	(il) a dit
كلمة	mot
لون	couleur
معنى	signification

5 Créez des questions en mettant les mots dans le bon ordre.

a. مَن / تتحدّث / مع
....
b. بنت / أيّة / جاءتْ
....
c. قواعد / أتعلّم / كيف / اللّغة
....
d. إلى / متى / حلب / تسافرين
....
e. لا / الحقّ / لماذا / تقول
....
f. في / أين / سلطنة / أنتَ / مِن / عُمان
....

Banque de mots

أتعلّم	j'apprends
تسافرين	tu [f.] voyages
تقول	(elle) dit, tu [m.] dis
حقّ	vérité
حلب	Alep
سلطنة	sultanat
عُمان	Oman
قاعدة / قواعد	règle [sg./pl.]

CHAPITRE 10 : LES INTERROGATIFS

Banque de mots

غداً	demain	الرّياض	Riyad
غرفة الجلوس	salon	تسكن	tu [m.] habites
مصنع	usine	سنرجع	(nous) rentrerons
نصف	demi	عبد العزيز	Abdelaziz

6 Trouvez des questions logiques pour ces réponses. Exemple :

أنا أسكن في الرّياض. ← أين تسكن؟

a. نحن مِن المغرب.

← ....

b. اسمي عبد العزيز.

← ....

c. السّاعة السّابعة والنّصف.

← ....

d. يعمل سليم في المصنع مع زميله أحمد.

← ....

e. نحن سنرجع غداً.

← ....

f. هي في غرفة الجلوس.

← ....

مبروك! (Félicitations !) Vous êtes venu à bout du chapitre 10 ! Il est maintenant temps de comptabiliser les icônes et de reporter le résultat en page 128 pour l'évaluation finale.

11. Le verbe : généralités

Accompli et inaccompli

En arabe, il n'existe à proprement parler que deux temps, ou plutôt deux aspects. L'un sert à exprimer un fait écoulé : c'est l'**accompli**, qui correspond au passé (passé simple, imparfait ou passé composé). L'autre sert à exprimer un fait non écoulé (présent ou futur), c'est l'**inaccompli**.

L'infinitif

Pour rendre l'équivalent de l'infinitif français (la forme de base telle qu'on la trouve dans un dictionnaire), on fait appel à la troisième personne du masculin singulier du verbe à l'accompli – cette forme correspond au passé français. Quand on dit *étudier*, *écrire* ou *laver* en français, on dit en arabe درس *il étudia*, كتب *il écrivit* ou غسل *il lava*. C'est en effet la forme la plus courte, car dénuée de tout élément dérivationnel et qui correspond dans la plupart des cas à la racine trilitère.

1. Déterminez l'infinitif de chaque groupe de formes verbales. Exemple :

فعلتْ، أفعل، تفعل ← فعل

a. طبختَ، يطبخ، طبخنا ← ....
b. لعبوا، لعبتم، نلعب ← ....
c. ضحكا، تضحكان، تضحكين ← ....
d. مزحتُ، تمزحون، مزحتنّ ← ....
e. نجحنا، أنجح، نجحنَ ← ....
f. تذهب، ذهبتِ، ذهبوا ← ....

2. Regroupez ces vingt formes verbales selon leur infinitif.

فتح	كتب	شرب	رجع	دخل

a. تشربان   f. كتبا   k. تشربون   p. فتحتما
b. رجعتُ   g. دخلتِ   l. فتحتا   q. يرجعون
c. يكتب   h. شربنَ   m. نكتب   r. شربتَ
d. أدخل   i. رجعنا   n. تدخل   s. دخلوا
e. أفتح   j. فتحتنّ   o. رجعتْ   t. تكتب

Construction phonétique

La plupart de ces formes ont une construction phonétique basée sur **fatha** - **fatha** - **fatha** comme دَخَلَ *entrer*, ضَرَبَ *battre* ou هَرَبَ *fuir*. Cependant, quelques verbes suivent la construction **fatha** - **kasra** - **fatha**, comme حَفِظَ *garder, préserver*, رَكِبَ *monter* ou شَرِبَ *boire*.

Banque de mots

طبخ	cuisiner	دخل	entrer
فتح	ouvrir	ذهب	aller
كتب	écrire	رجع	revenir, retourner
لعب	jouer		
مزح	plaisanter	شرب	boire
نجح	réussir	ضحك	rire

3 Retrouvez dans cette grille les sept verbes qui suivent le schéma **fatha** - **kasra** - **fatha**.

a. عمل (*travailler*)
b. لبس (*mettre, porter*)
c. سمع (*entendre, ouïr*)
d. ضحك (*rire*)
e. علم (*savoir, apprendre*)
f. فهم (*comprendre*)
g. كره (*détester*)
h. لعب (*jouer*)

ك	ح	ض	ن	ئ	ة
ر	ث	ي	ع	خ	ل
ه	آ	ط	م	ل	ع
ض	س	ب	ل	ه	ب
ذ	م	ز	ظ	ق	ى
ش	ع	ب	م	ه	ف

مبروك! (Félicitations !) Vous êtes venu à bout du chapitre 11 ! Il est maintenant temps de comptabiliser les icônes et de reporter le résultat en page 128 pour l'évaluation finale.

Le passé (l'accompli)

Pour conjuguer un verbe à l'accompli, on ajoute à la forme de base – c'est-à-dire l'infinitif, qui correspond à la troisième personne du singulier (*lui*) – une terminaison qui varie selon la personne, le genre et le nombre et qui remplace la **fatha** finale de l'infinitif.

Pluriel		Duel		Singulier	
nous	نا / نَا			moi	تُ / ْتُ
vous [m.]	تم / تَمْ	vous deux [m. et f.]	تما / تُمَا	toi [m.]	تَ / ْتَ
vous [f.]	تنّ / تُنَّ			toi [f.]	تِ / ْتِ
ils	وا / وا	eux deux	ا / َا	lui	– (= infinitif)
elles	نَ / ْنَ	elles deux	تا / تَا	elle	تْ / ْتْ

Conjuguons par exemple le verbe وصل *arriver*.

Pluriel		Duel		Singulier	
nous sommes arrivés	وصلنا			je suis arrivé(e)	وصلتُ
vous êtes arrivés [m.]	وصلتم	vous (deux) êtes arrivé(e)s	وصلتما	tu es arrivé [m.]	وصلتَ
vous êtes arrivées [f.]	وصلتنّ			tu es arrivée [f.]	وصلتِ
ils sont arrivés	وصلوا	ils (eux deux) sont arrivés	وصلا	il est arrivé	وصل
elles sont arrivées	وصلنَ	elles (deux) sont arrivées	وصلتا	elle est arrivée	وصلتْ

Attention : Lorsqu'un verbe à la troisième personne est placé devant le sujet, il est toujours au singulier, même si le sujet est au duel ou au pluriel : وصل الطّلاب *Les étudiants sont arrivés*.

1 Complétez le tableau suivant avec les formes verbales correctes.

ندم	عرف	سمع	جلس	
			جلستُ	أنا
ندمتَ				أنتَ
		سمعتِ		أنتِ
			جلستم	أنتم
		سمعتنّ		أنتنّ
	عرفتما			أنتما

2 Mettez la forme correcte du verbe indiqué. (Pour e. et f., deux solutions sont possibles.)

a. (هو) .... سكن
b. (هي) .... ربح
c. (هم) .... عمل
d. (هنّ) .... طلب
e. (هما) .... بحث
f. (هما) .... نظر

3 Ajoutez le pronom personnel correct.

a. .... رسمتِ
b. .... وجدنا
c. .... رقصوا
d. .... كسرتم
e. .... ضربا
f. .... دفعتْ

4 Complétez le tableau en ajoutant les formes du singulier, duel ou pluriel.

قطعتْ				Singulier
	زرعا	فهمتما		Duel
		نزلتم		Pluriel

CHAPITRE 12 : LE PASSÉ (L'ACCOMPLI)

5 Complétez avec la forme correcte du verbe indiqué. Attention à la position du sujet !

a. ماذا .... (طبخ) الزّوجةُ؟
b. .... (كتب) المعلّمة شيئاً.
c. ماذا .... (شرب) الضّيوف؟
d. أين .... (سكن) أنتم في دمشق؟
e. أنتِ .... (درس) الحقوق، أليس كذلك؟
f. هل .... (رجع) الصّديقات مِن العطلة؟

Banque de mots

بحث عن	chercher qqch
جلس	s'asseoir
حرق	brûler
درس	étudier, apprendre
دفع	payer, pousser
ربح	gagner
رسم	dessiner
رقص	danser
زرع	semer, planter
سكن	habiter
سمع	entendre, ouïr
ضرب	battre, frapper
طلب	demander
عرف	savoir, connaître
عمل	travailler
فهم	comprendre
قطع	couper
كسر	briser, casser
ندم	regretter
نزل	descendre, baisser
نظر	regarder
وجد	trouver

6 Trouvez la traduction correcte.

1 Tu [m.] es arrivé.
a. وصلتْ
b. وصلتَ
c. وصلتُ

2 Vous [f.] avez écrit.
a. كتبتنّ
b. كتبنَ
c. كتبا

3 Elle a joué.
a. لعبتِ
b. لعبتا
c. لعبتْ

4 Elles ont bu.
a. شربنا
b. شربتما
c. شربنَ

5 Nous sommes montés.
a. صعد
b. صعدنا
c. صعدتنّ

6 Ils sont allés.
a. ذهبوا
b. ذهبا
c. ذهبتا

CHAPITRE 12 : LE PASSÉ (L'ACCOMPLI)

7 Complétez les phrases suivantes en utilisant les formes verbales de la liste ci-dessous (chaque forme ne peut être utilisée qu'une seule fois).

عملنا – فتحتَ – سكنتُ – دخلتُ – شربتم

a. اسمع يا علي! هل .... الباب؟
b. أين فاطمة؟ هل .... البيت؟
c. ماذا .... ؟ قهوة أم شاياً؟
d. نحن .... في نفس المكتب.
e. أنا .... خمس سنوات في البحرين.

8 Retrouvez dans le tableau les six formes verbales suivantes.

nous sommes sortis – vous [m.] avez réservé – eux (deux) ont volé – elles ont porté – vous (deux) êtes descendus – il a demandé

ج	ح	م	ل	ن	ة
آ	وّ	خ	د	ز	ظ
ل	خ	ا	ط	ل	ب
ض	ر	ي	س	ت	ش
ح	ج	ز	ت	م	ب
ث	ن	ص	ه	ا	ق
ذ	ا	ء	ن	ى	غ
ك	و	س	ر	ق	ا

9 Mettez les six formes verbales de l'exercice précédent dans les phrases suivantes (chaque forme ne peut être utilisée qu'une seule fois).

a. أحمد وهادية .... دجاجة مِن فلّاح.
b. نحن .... مِن الفندق السّاعة السّابعة صباحاً.
c. أين البنات وماذا .... ؟ حقائبهنّ لا تزال في غرفتهنّ.
d. سامي .... طعاماً لبنانيّاً. وأنتَ ماذا طلبتَ؟
e. سمعتُ أنّه .... أمس مِن الجبل؟
f. هل .... طاولة في المطعم؟

Banque de mots

اسمعْ!	Écoute !
أم	ou
حجز	réserver
حمل	porter
خرج	sortir

سامي	Sami
سرق	voler (quelque chose)
سنة / سنوات	an, année [sg./pl.]
شاي	thé

طاولة	table
قهوة	café
لا يزال / لا تزال	encore
نفس	même
هادية	Hadiya

مبروك! (Félicitations !) Vous êtes venu à bout du chapitre 12 ! Il est maintenant temps de comptabiliser les icônes et de reporter le résultat en page 128 pour l'évaluation finale.

13 Les irrégularités de l'accompli

Il existe des irrégularités pour certains verbes, par exemple ceux dont le ا se situe en position centrale à l'infinitif : il est remplacé par **kasra** aux première et deuxième personnes, ainsi qu'à la troisième personne du féminin pluriel. Observez les modifications du verbe باع *vendre*.

Pluriel		Duel		Singulier	
nous avons vendu	بِعْنا			j'ai vendu	بِعْتُ
vous avez vendu [m.]	بِعْتم	vous (deux) avez vendu	بِعْتما	tu as vendu [m.]	بِعْتَ
vous avez vendu [f.]	بِعْتنّ			tu as vendu [f.]	بِعْتِ
ils ont vendu	باعوا	ils (eux deux) ont vendu	باعا	il a vendu	باع
elles ont vendu	بِعْن	elles (deux) ont vendu	باعتا	elle a vendu	باعتْ

 **Complétez le tableau suivant avec les formes verbales correctes.**

طار	صار	سار	زاد	
	صِرْتُ			أنا
			زِدْتَ	أنتَ
طِرْتِ				أنتِ
		سِرْنا		نحن
		سِرْتم		أنتم
طِرْتنّ				أنتنّ
			زِدْتما	أنتما
	صِرْنَ			هنّ

2 Complétez les phrases en insérant le verbe à sa forme correcte. Exemple :

محمّد صار طبيباً وأنا ...... محامياً. ← محمّد صار طبيباً وأنا صِرْتُ محامياً.

a. هو باع سيّارة وهي .... درّاجتها.

b. نحن طِرْنا إلى بيروت. وأنتما، إلى أين .... ؟

c. زادتْ البطالة و............... أيضاً عدد الفقراء.

d. صاحتْ الأمّ بصوت عالٍ. وأنتِ، لماذا ما .... ؟

e. الأطفال خافوا مِن الكلب الصّغير وحتّى أمّهاتهم .... مِنه.

Banque de mots

صار	devenir
صوت	voix
طار	voler (oiseau, avion, etc.)
عالٍ	haut
عدد	nombre
فقير / فقراء	pauvre [sg./pl.]

أمّ	mère
بصوت عالٍ	à haute voix
بطالة	chômage
خاف	avoir peur, craindre
زاد	augmenter
سار	marcher
صاح	crier, hurler

Pour certains verbes en ا , l'arabe substitue **damma** à **kasra**, comme dans قال dire :

Pluriel		Duel		Singulier	
nous avons dit	قُلْنا			j'ai dit	قُلْتُ
vous avez dit [m.]	قُلْتم	vous (deux) avez dit	قُلْتما	tu as dit [m.]	قُلْتَ
vous avez dit [f.]	قُلْتنّ			tu as dit [f.]	قُلْتِ
ils ont dit	قالوا	ils (eux deux) ont dit	قالا	il a dit	قال
elles ont dit	قُلْنَ	elles (deux) ont dit	قالتا	elle a dit	قالتْ

81

CHAPITRE 13 : LES IRRÉGULARITÉS DE L'ACCOMPLI

3 Complétez le tableau suivant en mettant les formes de la liste ci-dessous.

		عاد		دار	
		عُدْتُ	زُرْتُ		
	قُمْتَ			دُرْتَ	
	قُمْتِ		زُرْتِ		أنتِ
		عادتْ		دارتْ	
	قُمْنا		زُرْنا		نحن
	قُمْتم			دُرْتم	
		عادوا		داروا	هم

q. زاروا   m. عُدْنا   i. أنا   e. قام   a. قُمْتُ
r. هي   n. دُرْتُ   j. قامتْ   f. أنتَ   b. دُرْنا
s. عُدْتم   o. أنتم   k. دُرْتِ   g. زُرْتَ   c. زار
t. زُرْتم   p. قاموا   l. زارتْ   h. عُدْتِ   d. عُدْتَ

Banque de mots

جربة	Djerba
حول	autour de
دار	tourner
رمضان	Ramadan
زار	visiter
شهر	mois
صام	jeûner
عاد	revenir
قام	se lever

4 Complétez avec la forme correcte du verbe indiqué. Attention à la position du sujet !

a. ماذا .... (قال) أنتما؟
b. كلّنا .... (صام) في شهر رمضان.
c. هل .... (زار) الزملاء مكتبكَ؟
d. متى .... (عاد) أنتم مِن جربة؟
e. في أيّة ساعة .... (قام) أنتِ اليوم؟
f. أنا .... (دار) حول بيتكَ.

CHAPITRE 13 : LES IRRÉGULARITÉS DE L'ACCOMPLI

Verbe être au passé

Le verbe *être* français au passé est rendu par l'auxiliaire كان qui est conjugué comme قال, c'est-à-dire : أنا قُلْتُ، أنتَ قُلْتَ، أنتِ قُلْتِ, etc. Remarquez que les mots qui suivent et qui se réfèrent à كان à l'accompli sont toujours au cas direct. Une phrase simple comme أنا مريض *je suis malade* devient donc كُنْتُ مريضاً *j'ai été / j'étais malade*. Lorsque كان est placé devant une construction avec une préposition comme عند (*chez*), لدى (*chez*) ou لـ (*à, pour*) – cela correspond aux verbes français *avoir*, *appartenir* et *posséder* –, on le met au passé : كان عندي سيّارة ← عندي سيّارة.

5 Complétez le tableau suivant avec les formes verbales correctes de كان.

Pluriel		Duel		Singulier	
nous avons été, nous étions				j'ai été, j'étais	
vous avez été, vous étiez [m.]		vous (deux) avez été, vous (deux) étiez		tu as été, tu étais [m.]	
vous avez été, vous étiez [f.]				tu as été, tu étais [f.]	
ils ont été, ils étaient		ils (eux deux) ont été, ils (eux deux) étaient		il a été, il était	
elles ont été, elles étaient		elles (deux) ont été, elles (deux) étaient		elle a été, elle était	

6 Créez des phrases au passé en utilisant ces mots. Exemple :

ملك – صبور ← كان الملك صبوراً.

a. طقس – جميل ← ....

b. درّاجة – سريع ← ....

c. سوق – كبير ← ....

d. حقيبة – ثقيل ← ....

e. قطّ – صغير ← ....

CHAPITRE 13 : LES IRRÉGULARITÉS DE L'ACCOMPLI

7 Mettez ces phrases au passé en utilisant les formes correctes de كان.

a. أنا في مصر. ....
b. أنتَ مشغول جدّاً. ....
c. هل أنتِ في البيت؟ ....
d. الباب مفتوح. ....
e. أين ابنتكَ؟ ....
f. نحن تلاميذ. ....
g. هل أنتم سعيدون؟ ....
h. أنتنّ طبّاخات، أليس كذلك؟ ....
i. هم في بيت حسين. ....
j. البنات جميلات جدّاً. ....

Banque de mots

حقيبة	valise
خفيف	léger
سعيد	heureux, joyeux
طقس	temps (qu'il fait)
كلب / كلاب	chien [sg./pl.]
مفتوح	ouvert
مفروش	meublé

8 Toutes ces phrases sont au présent. Mettez-les au passé.

a. عندها صديقة كويتيّة. ....
b. عندهم عائلة كبيرة. ....
c. لديه شنطة خفيفة. ....
d. هل عندكِ وقت اليوم؟ ....
e. لدينا شقّة مفروشة في باريس. ....
f. عندكَ كبريت. ....
g. لي ثلاثة أولاد. ....
h. هل عندكما كلاب؟ ....

CHAPITRE 13 : LES IRRÉGULARITÉS DE L'ACCOMPLI

Irrégularités des verbes en ا, en ى et en ي

Lorsque l'infinitif du verbe se termine en ا, celui-ci devient و sauf à la troisième personne féminine du singulier et au duel féminin. C'est aussi le cas des verbes qui se terminent en ى, sauf que dans les autres formes, le ى est remplacé par un ـيـ. Si l'infinitif du verbe se termine en ـي, cette terminaison est remplacée par ـيـ sauf à la troisième personne féminine du singulier et à la troisième personne masculine du pluriel. Voici les verbes دعا *inviter*, مشى *marcher*, بقي *rester*.

	دعا	مشى	بقي
أنا	دَعَوتُ	مشَيتُ	بقيتُ
أنتَ	دَعَوتَ	مشَيتَ	بقيتَ
أنتِ	دَعَوتِ	مشَيتِ	بقيتِ
هو	دعا	مشى	بقيَ
هي	دعتْ	مشتْ	بقيتْ
نحن	دَعَونا	مشَينا	بقينا
أنتم	دَعَوتم	مشَيتم	بقيتم
أنتنّ	دَعَوتنّ	مشَيتنّ	بقيتنّ
هم	دَعَوْا	مشَوْا	بقوا
هنّ	دَعَون	مشَين	بقين
أنتما	دَعَوتما	مشَيتما	بقيتما
هما [m.]	دَعَوا	مشَيا	بقيا
هما [f.]	دعتا	مشتا	بقيتا

 9 Complétez avec la forme correcte du verbe indiqué.

a. أنا .... (دعا) الأصدقاء إلى العشاء.

b. نحن .... (شكا) مِن غرفة الفندق.

c. هل .... (رجا) أنتم مِن الضّيوف الامتناع عن التّدخين؟

d. هل .... (دعا) هو أولادكَ إلى الحفلة؟

e. .... (رجا) السّكرتيرة توقيعكَ.

f. هل .... (شكا) أنتَ مِن نظافة المستشفى؟

CHAPITRE 13 : LES IRRÉGULARITÉS DE L'ACCOMPLI

10 Mettez la forme correcte dans la phrase adéquate.

رميتم – جرتْ – رميتِ – بكوا – مشينا – بكيتَ

d. هي .... إلى المدرسة مِن بيتها.
a. لماذا .... اليوم في المدرسة، يا أحمد؟

e. هم .... دائماً في هذا الفيلم.
b. إلى أين .... أنتم الملابس؟

f. لماذا .... علينا الإسفنجة، يا سميرة؟
c. نحن .... يوماً كاملاً في السّوق القديم.

11 Traduisez ces phrases. Vous trouverez entre parenthèses les infinitifs des verbes en question.

a. J'ai oublié ton [f.] nom. (نسي) ....
b. Avez-vous [m.] rencontré ma mère ? (لقي) ....
c. Elle est restée à Tunis. (بقي) ....
d. Nous étions satisfaits du projet. (رضي) ....
e. Vous (deux) avez oublié vos bagages. (نسي) ....
f. As-tu [m.] rencontré le directeur de la banque ? (لقي) ....

12 Choisissez la forme correcte du verbe.

4 المكيّف معطّل. هل ... أنتِ في الاستقبال؟
a. شكتْ
b. شكوتِ

1 مَن ... الجيران؟
a. دعا
b. دعوا

5 أنتما في باريس؟ هل ... الأقارب؟
a. لقيتما
b. لقين

2 نسيتَ مفتاحكَ؟ كم ساعة ... في البيت؟
a. بقينا
b. بقيتَ

3 هنّ ... في الصّحراء ليومين.
a. مشيتا
b. مشين

CHAPITRE 13 : LES IRRÉGULARITÉS DE L'ACCOMPLI

Banque de mots

سكرتيرة	secrétaire
شكا	se plaindre
صحراء	désert
عشاء	dîner
كامل	complet
معطّل	hors service
مكيّف	climatisation
نسي	oublier
نظافة	propreté

توقيع	signature
جرى	courir
رجا	solliciter, demander
رضي	accepter, consentir, être satisfait
رمى	jeter, lancer

استقبال	réception (à l'hôtel)
إسفنجة	éponge
امتناع	interdiction, défense
بكى	pleurer
تدخين	(le fait de) fumer

Deuxième et troisième consonnes identiques

Un autre groupe de verbes irréguliers est celui où les deuxième et troisième consonnes sont identiques : on les écrit de façon contractée sous une **chadda** à la troisième personne (singulier, duel et pluriel – mais pour le pluriel seulement le masculin). Prenons par exemple مرّ *passer*.

Pluriel		Duel		Singulier	
nous sommes passés	مررنا			je suis passé	مررتُ
vous êtes passés [m.]	مررتم	vous (deux) êtes passé(e)s	مررتما	tu es passé [m.]	مررتَ
vous êtes passées [f.]	مررتنّ			tu es passée [f.]	مررتِ
ils sont passés	مرّوا	ils (eux deux) sont passés	مرّا	il est passé	مرّ
elles sont passées	مررنَ	elles (deux) sont passées	مرّتا	elle est passée	مرّتْ

CHAPITRE 13 : LES IRRÉGULARITÉS DE L'ACCOMPLI

13 Complétez le tableau suivant avec les formes verbales correctes.

	قصّ	شكّ	دلّ	
	قصصتُ			أنا
			دللتَ	أنتَ
				نحن
		شككتم		أنتم
				هي
			دلّوا	هم
				هنّ

Banque de mots

اتّصل	appeler
أطرش	sourd
ايميل	e-mail
بنزين	essence
حيوان / حيوانات	animal [sg./pl.]
دلّ	montrer
رائحة	odeur
رسالة إلكترونيّة	e-mail (transcription phonétique de email dans le premier cas et lettre électronique dans le second)
زهور	fleurs
شكّ	douter
شمّ	sentir
ظنّ أنّ	penser que
عدّ	compter
فاضل	Fadel
قصّ	couper, raconter
هاتف	téléphone

14 Complétez les cinq phrases en ajoutant la forme correcte du verbe ردّ *répondre*.

a. مَن .... على رسالتكَ؟

b. فاطمة .... على أمّها.

c. أنتَ أطرش؟ لماذا ما .... أمس؟

d. نحن .... على رسالة فؤاد الإلكترونيّة (ايميل فؤاد).

e. هل .... هنّ على المدرّس؟

15 Reliez chaque question à la réponse qui lui correspond.

a ● نعم، نحن مررنا ببيته ولكن ما كان موجوداً.

b ● نعم، أنا رددتُ على الهاتف. اتّصل فاضل بكِ.

c ● لا، هم شمّوا فقط رائحة البنزين.

d ● لا، ظننّا أنّها قصيرة.

e ● لا، عدّتْ سميرة كلّ الحيوانات.

● 1 هل رددتِ على الهاتف؟

● 2 هل عدّ محمّد الغنم؟

● 3 هل أنتم مررتم ببيت علي؟

● 4 هل شمّوا رائحة الزّهور؟

● 5 هل ظننتنّ أنّ الرّواية طويلة؟

CHAPITRE 13 : LES IRRÉGULARITÉS DE L'ACCOMPLI

Les verbes hamzés

Le dernier groupe de verbes irréguliers représente celui des verbes appelés hamzés, c'est-à-dire portant un **hamza** sur une semi-voyelle – dans la plupart des cas ا mais il y a quelques verbes comportant ؤ comme جرؤ *oser, être courageux* ou ئ comme سئم *être écœuré, s'ennuyer* – en position initiale, médiane ou finale de la racine. Pour l'accompli, il n'y a aucune irrégularité sauf pour les verbes qui finissent en أ et qui le remplacent par ؤ à la troisième personne du pluriel masculin et par آ pour le duel de la troisième personne masculin. Observez les formes des verbes hamzés أخذ *prendre*, سأل *demander* et قرأ *lire*.

	أخذ	سأل	قرأ
أنا	أخذتُ	سألتُ	قرأتُ
أنتَ	أخذتَ	سألتَ	قرأتَ
أنتِ	أخذتِ	سألتِ	قرأتِ
هو	أخذ	سأل	قرأ
هي	أخذتْ	سألتْ	قرأتْ
نحن	أخذنا	سألنا	قرأنا
أنتم	أخذتم	سألتم	قرأتم
أنتنّ	أخذتنّ	سألتنّ	قرأتنّ
هم	أخذوا	سألوا	قرؤوا
هنّ	أخذنَ	سألن	قرأن
أنتما	أخذتما	سألتما	قرأتما
هما [m.]	أخذا	سألا	قرآ
هما [f.]	أخذتا	سألتا	قرأتا

16 Ajoutez le pronom personnel correct.

d. .... سألا مدير المدرسة.

e. .... بدأتما في لعب كرة القدم.

f. .... ملؤوا خزّان السيّارة.

a. .... أكلتَ كلّ الفلافل.

b. .... أسفنا على تأخيرنا.

c. .... سئمتم مِن الفيلم.

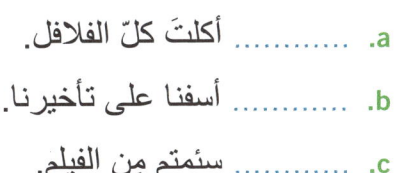

CHAPITRE 13 : LES IRRÉGULARITÉS DE L'ACCOMPLI

17 Mettez la forme correcte dans la phrase adéquate.

أمر – أخذتَ – جرؤتْ – أكلتم – سئمنا

a. هل .... الخضرة مِن السّوق، يا حسين؟

b. هل أنتم .... الشّوكولاتة كلّها؟

c. نحن .... مِن شغلنا في البنك.

d. .... أبيّ أنْ نظلّ في البيت.

e. كيف .... ليلى على هذا السّؤال؟

18 Complétez avec la forme correcte du verbe indiqué.

a. ماذا .... (سأل) أنتم؟

b. كلّنا .... (سئم) مِن الحرارة.

c. هل .... (قرأ) هم جريدة اليوم؟

d. متى .... (بدأ) أنتما دروس الجامعة؟

e. نحن .... (أمل) أنْ يكون الطّقس غير حارّ اليوم.

Banque de mots

أسف	regretter
أكل	manger
أمر	ordonner
أمل أنْ	espérer que
بدأ	commencer
تأخير	retard
حارّ	chaud
حرارة	chaleur
خزّان	réservoir
شغل	travail
شوكولاتة	chocolat
ظلّ	rester, continuer
فلافل	falafel
كرة	ballon
كرة القدم	football

CHAPITRE 13 : LES IRRÉGULARITÉS DE L'ACCOMPLI

Vocabulaire autour des professions

La profession est un détail important dans les échanges personnels et on y accorde beaucoup d'importance. Ce n'est donc pas une mauvaise idée de demander à son interlocuteur : ما مهنتك؟ *Quelle est ta profession ?* La réponse pourrait être : ...أنا *Je suis ...*

فلّاح	agriculteur, paysan	محاسب	comptable
مهندس معماريّ	architecte	طبّاخ	cuisinier
حرفي	artisan	مدير	directeur
محام	avocat	كهربائيّ	électricien
جزّار، قصّاب	boucher	موظّف	employé
خبّاز	boulanger	ممرّض	infirmier
سائق	chauffeur	مهندس	ingénieur
حلّاق	coiffeur	معلّم	instituteur
تاجر	commerçant	مترجم	interprète
		صحفي	journaliste
		قاضٍ	juge
		طبيب	médecin
		سمّاك	poissonnier
		جنديّ	soldat
		عامل	travailleur, ouvrier

مبروك! (Félicitations !) Vous êtes venu à bout du chapitre 13 ! Il est maintenant temps de comptabiliser les icônes et de reporter le résultat en page 128 pour l'évaluation finale.

14
Le présent (l'inaccompli)

Le présent français est rendu en arabe par l'**inaccompli**. La forme de l'inaccompli est dérivée de l'accompli, auquel on supprime la première et la dernière voyelle courte. Prenons par exemple le verbe ذَهَبَ *aller*, à la forme accomplie : la base de l'inaccompli devient ذهَب.

Contrairement à l'accompli qui ne produit que des suffixes, l'inaccompli engendre des préfixes et des suffixes, comme le montre le tableau suivant.

	Pluriel		Duel		Singulier	
nous	نـ ... ُ				moi	أ ... ُ
vous [m.]	تـ ... ونَ / تـ ... ون	vous deux [m. et f.]	تـ ... انِ / تـ ... انْ	toi [m.]	تـ ... ُ
vous [f.]	تـ ... نَ / تـ ... نْ			toi [f.]	تـ ... ينَ / تـ ... ين
ils	يـ ... ونَ / يـ ... ون	eux deux	يـ ... انِ / يـ ... انْ	lui	يـ ... ُ
elles	يـ ... نَ / يـ ... نْ	elles deux	تـ ... انِ / تـ ... انْ	elle	تـ ... ُ

Comme pour l'accompli, la base de cette forme constitue la troisième personne du singulier masculin, يَذْهَبُ *il va*. On a donc pour chaque verbe français deux formes en arabe qu'il faut mémoriser : ذَهَبَ / يَذْهَبُ *aller*.

	Pluriel		Duel		Singulier	
nous allons	نذهب			je vais	أذهبُ
vous allez [m.]	تذهبونَ	vous (deux) allez	تذهبانِ	tu vas [m.]	تذهبُ
vous allez [f.]	تذهبنَ			tu vas [f.]	تذهبينَ
ils vont	يذهبونَ	ils (eux deux) vont	يذهبانِ	il va	يذهبُ
elles vont	يذهبنَ	elles (deux) vont	تذهبانِ	elle va	تذهبُ

La vocalisation n'est ici donnée que pour mieux rendre le schéma de contraction des voyelles. On l'a supprimée au cours des exercices.

Attention : Comme à l'accompli, lorsqu'un verbe à l'inaccompli à la troisième personne est placé devant le sujet, il est toujours au singulier, même si le sujet est au duel ou au pluriel. Exemple : يلعب الأطفال *Les enfants jouent*.

1 Mettez la forme correcte du verbe indiqué. (Pour e., deux solutions sont possibles.)

a. (هو) .... دفع
b. (هي) .... ركب
c. (هم) .... عمل
d. (هنّ) .... شرب
e. (هما) .... / .... جمع

2 Ajoutez le pronom personnel correct.

a. .... يفهم.
b. .... نكره.
c. .... يلعبون.
d. .... تضحكن.
e. .... أحفظ.
f. .... تزرعين.

3 Complétez le tableau suivant avec les formes verbales correctes.

	لبس	فتح	علم	تبع	
		أفتح			أنا
				تتبع	أنتَ
					أنتِ
				تتبعونَ	أنتم
					أنتنّ
	تلبسانِ				أنتما

4 Complétez le tableau en ajoutant les formes du singulier, duel ou pluriel.

		يفهم		أبحث	Singulier
تقطعانِ					Duel
		تصنعنَ	تسرقونَ		Pluriel

CHAPITRE 14 : LE PRÉSENT (L'INACCOMPLI)

5 Complétez avec la forme correcte du verbe فعل. (Dans deux cas, attention à la position du sujet.)

Banque de mots

إبراهيم	Ibrahim
تبع	suivre
جمع	assembler, collectionner
حفظ	garder, préserver, mémoriser
ركب	monter
شيئاً	quelque chose
صنع	produire, fabriquer
علم	savoir
كره	détester
لبس	mettre (des vêtements), porter

a. ماذا .... سميرة في غرفتكِ؟

b. هل .... شيئاً اليوم، يا أحمد؟

c. ماذا .... الشّباب في العطلة؟

d. لماذا لا .... إبراهيم أبداً ما نقول له؟

e. أنا .... كلّ ما تطلب مِنّي؟

f. لا أعرف ماذا .... البنات في المكتب؟

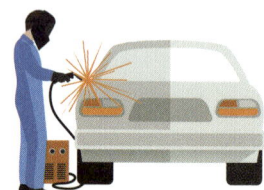

Construction phonétique

Beaucoup de verbes suivent la construction phonétique où la **fatha** constitue la voyelle de la racine. Cependant, certains verbes comportent une **kasra** – comme يَحْجِزُ *il réserve*, يَضْرِبُ *il bat* ou يَمْسِكُ *il tient* – ou une **damma** – comme يَخْرُجُ *il sort*, يَرْجِعُ *il rentre*, يَسْقُطُ *il tombe*, يَدْرُسُ *il étudie* ou يَكْتُبُ *il écrit*.

6 Ces phrases sont à l'accompli : mettez-les à l'inaccompli. Tous les verbes ont une kasra comme voyelle de la racine.

a. مَن كسر الفنجان؟ ....

b. هل حملتَ الحقيبة؟ ....

c. الأمّ غسلتْ الملابس، أليس كذلك؟ ....

d. المهندسون جلسوا دائماً هنا. ....

e. هل عرفا هما كم عمركِ؟ ....

f. أنا نزلتُ صباحاً مِن الجبال. ....

g. نحن رجعنا بالطّائرة. ....

CHAPITRE 14 : LE PRÉSENT (L'INACCOMPLI)

7 Retrouvez dans le tableau les six formes verbales qui ont une kasra comme voyelle de la racine.

il brise — elle saute — vous [m.] descendez — nous brûlons — je m'assois — tu [m.] sais

ي	ؤ	ف	ر	ع	ت
ك	ص	ب	خ	ط	ن
س	ل	ج	أ	ظ	ز
ر	أ	ى	ض	ء	ل
ئ	ذ	ت	آ	د	و
س	ي	ق	ر	ح	ن
ع	ش	ف	ث	ة	م
ه	ء	ز	غ	ك	ح

8 Complétez avec la forme correcte du verbe entre parenthèses — tous les verbes ont une **damma** comme voyelle de la racine. Attention au sujet !

a. .... (دخل) علي البيت.

b. هل .... (سكن) بدرة أيضاً في هذه المدينة؟

c. نحن .... (كتب) رسالة مهمّة.

d. أين .... (درس) أولاد المدير؟

e. أنا .... (رقص) مع زينب.

f. لماذا .... (هرب) دائماً مِنّي، يا عزيزة؟

g. .... (نظر) الضّيوف في القائمة.

CHAPITRE 14 : LE PRÉSENT (L'INACCOMPLI)

Les jours de la semaine

(يوم) السّبت	samedi
(يوم) الأحد	dimanche
(يوم) الاثنين	lundi
(يوم) الثّلاثاء	mardi
(يوم) الأربعاء	mercredi
(يوم) الخميس	jeudi
(يوم) الجمعة	vendredi

L'ordre des jours de la semaine ne doit pas vous étonner, car il s'agit de la semaine islamique. Le vendredi – jour de la réunion à la mosquée يوم الجمعة – correspond à notre « dimanche » : la plupart des banques, des bureaux et des magasins restent fermés. Le week-end se compose de jeudi et vendredi, le premier jour ouvrable de la semaine est, par conséquent, le samedi.

9 Remettez les phrases dans l'ordre afin de découvrir ce que ces gens font un certain jour de la semaine. Attention à la position du sujet.

a. يوم السّبت / درس / فاطمة وسميرة / اللّغة الفرنسيّة

b. يوم الأحد / لعب / حسين وخالد / التّنس

c. يوم الاثنين / ذهب / أمّي / إلى السّوق

d. يوم الثّلاثاء / طبخ / أنا وأخي / الكسكس

e. يوم الأربعاء / ركب / أنتم / حصانكم

f. يوم الخميس / رسم / أنتنّ / لوحات جميلة

g. يوم الجمعة / هما / سمع / موسيقى شرقيّة

CHAPITRE 14 : LE PRÉSENT (L'INACCOMPLI)

10 Complétez les phrases suivantes en utilisant les formes verbales de la liste ci-dessous (chaque forme ne peut être utilisée qu'une seule fois).

يدرس – تذهب – تشربونَ – نبحث – تفهمينَ

a. قل لي يا أحمد! متى .... إلى السّوق؟

b. ماذا .... ابنكَ في جامعة الأزهر؟

c. هل .... ماذا قلتُ لكِ، يا سميرة؟

d. نحن .... عن مطعم رخيص غير بعيد مِن هنا.

e. أهلاً وسهلاً يا سادتي! ماذا ....؟

Banque de mots

بدرة	Badra
تنس	tennis
جامعة الأزهر	l'université al-Azhar
حصان	cheval
خالد	Khaled
فنجان	tasse
قائمة	menu, liste
قفز	sauter
كسكس	couscous
لوحة	tableau
مهمّ	important
يا سادتي!	Messieurs !

مبروك! (Félicitations !) Vous êtes venu à bout du chapitre 14 ! Il est maintenant temps de comptabiliser les icônes et de reporter le résultat en page 128 pour l'évaluation finale.

15. Les irrégularités de l'inaccompli

Deuxième consonne redoublée par une chadda

Comme pour l'accompli, certains verbes à l'inaccompli connaissent des irrégularités. C'est le cas pour ceux dont la deuxième consonne est redoublée par une **chadda**. Dans ce cas, cette consonne se dédouble en deux consonnes séparées aux deuxième et troisième personnes du féminin pluriel. Observez les modifications du verbe ردّ *répondre*.

Pluriel		Duel		Singulier	
nous répondons	نردّ			je réponds	أردّ
vous répondez [m.]	تردّونَ	vous (deux) répondez	تردّانِ	tu réponds [m.]	تردّ
vous répondez [f.]	تَرْدُدْنَ			tu réponds [f.]	تردّينَ
ils répondent	يردّونَ	ils (eux deux) répondent	يردّانِ	il répond	يردّ
elles répondent	يَرْدُدْنَ	elles (deux) répondent	تردّانِ	elle répond	تردّ

La grande majorité de ces verbes possèdent une **damma** en tant que voyelle de la racine. Exemples : يَشُمُّ *il sent*, يَعُدُّ *il compte*. Les exceptions les plus courantes sont يَتِمُّ *il s'accomplit / il se complète*, يَوَدُّ *il veut / il aime*.

1 Complétez le tableau suivant avec les formes verbales correctes.

	مرّ	قصّ	شكّ	ظنّ	دلّ	
				أظنّ		أنا
		تشكّينَ				أنتِ
					يدلّ	هو
	تمرّ	تقصّ				هي
						أنتنّ
						هنّ

Trouvez la traduction correcte.

1 Tu [m.] allonges.

a. يمدّ
b. تمدّ
c. نمدّ

2 Vous [f.] assemblez.

a. تضممن
b. تضمّين
c. تضمّان

3 Elles emballent.

a. يلفّون
b. تلفّان
c. يلففن

4 Ils diffusent.

a. يبثّان
b. يبثّون
c. تبثّون

Verbes « assimilés »

Un autre groupe de verbes irréguliers est celui où la première consonne est un و à l'accompli. Pour ces verbes – dits « assimilés » – ce و disparaît à l'inaccompli. Prenons وصل *arriver*.

Pluriel		Duel		Singulier	
nous arrivons	نصل			j'arrive	أصل
vous arrivez [m.]	تصلونَ	vous (deux) arrivez	تصلانِ	tu arrives [m.]	تصل
vous arrivez [f.]	تصلنَ			tu arrives [f.]	تصلينَ
ils arrivent	يصلونَ	ils (eux deux) arrivent	يصلانِ	il arrive	يصل
elles arrivent	يَصلنَ	elles (deux) arrivent	تصلانِ	elle arrive	تصل

La plupart de ces verbes possèdent une **kasra** en tant que voyelle médiane de la racine. C'est le cas pour يَصِلُ *il arrive*, يَجِدُ *il trouve*. Cependant, il existe quelques verbes en **fatha**, comme يَضَعُ *il met*, يَقَعُ *il tombe*.

Lorsque la première consonne est un ي à l'accompli, il est conservé à l'inaccompli. Le seul exemple courant est : يَبِسَ ← يَيْبَسُ *devenir sec*.

CHAPITRE 15 : LES IRRÉGULARITÉS DE L'INACCOMPLI

3 Complétez le tableau suivant.

	ودَع	وضَع	وقَع
أنا			أقَع
أنتَ	تدَع		
أنتِ			
نحن		نضَع	
أنتم			
هنّ			

Banque de mots

بقّال	épicier
وثب	sauter
وجد	trouver
ورث	hériter
وزن	peser
وعد	promettre
وقف	s'arrêter
وَلَدَ	accoucher

4 Donnez la forme conjuguée à la troisième personne du masculin singulier du verbe à l'accompli (l'infinitif) de chaque verbe en indiquant à quelle personne il se trouve ici.

a. يثبان ← .... ← ....
b. تلد ← .... ← ....
c. تدعين ← .... ← ....
d. تجدان ← .... ← ....
e. يقعون ← .... ← ....
f. تصلن ← .... ← ....

5 Ces phrases sont à l'accompli : mettez-les à l'inaccompli.

a. هل وصفتُ لكَ المشكلة؟ ....
b. أين وضعتم حقائبي؟ ....
c. وزن البقّال الخضر. ....
d. حميد وزينب ورِثا بيت جدّه. ....
e. هل وقف القطار في مدينتنا؟ ....
f. وعدتَ بسيّارة جديدة. ....

CHAPITRE 15 : LES IRRÉGULARITÉS DE L'INACCOMPLI

Verbes « concaves »

Pour les verbes dont un ا se situe en position centrale à l'accompli, cette lettre est remplacée par و ou ي à l'inaccompli. On a donc pour ce groupe de verbes – dits « concaves » – des modifications comme يقول ← قال *il dit*, باع ← يبيع *il vend*. Cependant ce و ou ce ي disparaît aux deuxième et troisième personnes du pluriel féminin.

Pluriel		Duel		Singulier	
nous disons	نقولُ			je dis	أقولُ
vous dites [m.]	تقولونَ	vous (deux) dites	تقولانِ	tu dis [m.]	تقولُ
vous dites [f.]	تقُلْنَ			tu dis [f.]	تقولينَ
ils disent	يقولونَ	ils (eux deux) disent	يقولانِ	il dit	يقولُ
elles disent	يقُلْنَ	elles (deux) disent	تقولانِ	elle dit	تقولُ

Parmi ces verbes, on trouve aussi كان ← يكون *il sera*, qui est uniquement utilisé pour le futur du verbe *être*.

6 Retrouvez dans le tableau les six formes verbales qui ont une و comme deuxième consonne de la racine.

nous disons – tu [m.] visites – je reviens – vous [f.] jeûnez – tu [f.] te lèves – il tourne

ت	ز	و	ر	ب
ق	ف	ه	ى	أ
و	س	ص	ث	ع
م	ك	ي	ط	و
ي	ظ	د	غ	د
ن	ق	و	ل	لأ
ئ	ج	ر	ش	ي
و	ذ	ض	ء	ل
ت	ص	م	ن	آ

7 Mettez les six formes verbales de l'exercice précédent dans les phrases suivantes (chaque forme ne peut être utilisée qu'une seule fois).

a. هل .... في شهر رمضان؟
b. في أيّة ساعة .... صباحاً؟
c. .... فقط ما سمعنا مِنه.
d. هل تعرفينَ متى .... مِن عطلتي؟
e. هل .... مكتبنا عندما تكون أنتَ في الكويت؟
f. هو .... إلى اليمين ثمّ إلى اليسار.

CHAPITRE 15 : LES IRRÉGULARITÉS DE L'INACCOMPLI

8 Complétez avec la forme correcte du verbe entre parenthèses.
Remarque : Tous les verbes ont une ي comme deuxième consonne, sauf ذاب qui a une و.

a. .... (باع) أخي بُسُطاً في السّوق الكبير.

b. لماذا .... (صاح) زوجتكَ بصوت عالٍ؟

c. .... (ذاب) السّكّر في القهوة.

d. .... (زاد) طلب النّفط في العالم بسبب التّصنيع.

e. الأعمال مثمرة، أنا .... (صار) غنيّاً.

9 Observez ces trois phrases et conjuguez le verbe à l'accompli et à l'inaccompli.

b. يطوف الحاجّ بالكعبة.

	Accompli	Inaccompli
أنا		
أنتِ		
هو		يطوف
هي		
نحن		
أنتم		
هم		

a. نحن نطير بطائرة جديدة إلى دبيّ.

	Accompli	Inaccompli
أنا		
أنتِ		
هو		
هي		
نحن		نطير
أنتم		
هم		

c. أين البرج ألّذي يميل؟ في بيزا!

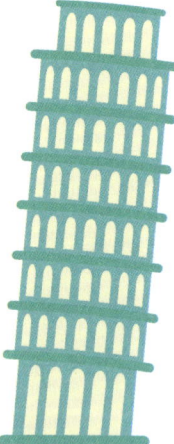

	Accompli	Inaccompli
أنا		
أنتِ		
هو		يميل
هي		
نحن		
أنتم		
هم		

CHAPITRE 15 : LES IRRÉGULARITÉS DE L'INACCOMPLI

Banque de mots

إلى اليسار	à gauche
إلى اليمين	à droite
بسبب الـ	à cause de
بساط / بُسُط	tapis [sg./pl.]
بيزا	Pise
تصنيع	industrialisation
ثمّ	ensuite, puis
حاجّ	pèlerin (à La Mecque)
ذاب	fondre, se dissoudre
سكّر	sucre
طاف	tourner autour
طلب	demande
عالم	monde
عندما	lorsque, quand
مال	pencher, être incliné
مثمر	productif, fructueux
نفط	pétrole

10 Complétez les blancs.

نام		خاف	
أنا أنام	a.	أنا أخاف	a.
أنتَ	b.	أنتَ	b.
أنتِ	c.	أنتِ	c.
هو	d.	هو	d.
هي	e.	هي	e.
نحن	f.	نحن	f.
أنتم	g.	أنتم	g.
أنتنّ	h.	أنتنّ	h.
هم	i.	هم	i.
هنّ	j.	هنّ	j.
أنتما	k.	أنتما	k.
هما	l.	هما	l.

Attention : Deux verbes importants conservent le ا à l'inaccompli : ينام *il dort*, يخاف *il craint / il a peur*. Aux deuxième et troisième personnes du féminin pluriel, ce ا est remplacé par une **fatha**.

Verbes « défectueux »

Le dernier groupe de verbes irréguliers représente celui des verbes appelés « défectueux », qui se terminent en و comme يَشْكو *il se plaint*, ou qui se terminent en ي comme يَمْشي *il marche* ou يَبْقَى *il reste*. Pour les verbes en ي, on distingue ceux qui ont une **fatha** ou une **kasra** en tant que deuxième voyelle de la racine à l'accompli. Les verbes défectueux présentent des irrégularités, notamment à la deuxième personne du singulier féminin ainsi qu'aux deuxième et troisième personnes du pluriel. Comparez :

	بَقِيَ	مَشَى	شكا	
	أبقى	أمشي	أشكو	أنا
	تبقى	تمشي	تشكو	أنتَ
	تبقَيْن	تمشين	تشكين	أنتِ

CHAPITRE 15 : LES IRRÉGULARITÉS DE L'INACCOMPLI

Verbes « défectueux » (suite)

هو	يشكو	يمشي	يبقَى
هي	تشكو	تمشي	تبقَى
نحن	نشكو	نمشي	نبقَى
أنتم	تشكونَ	تمشونَ	تبقَوْنَ
أنتنّ	تشكونَ	تمشينَ	تبقَيْنَ
هم	يشكونَ	يمشونَ	يبقَوْنَ
هنّ	يشكونَ	يمشينَ	يبقَيْنَ
أنتما	تشكوانِ	تمشيانِ	تبقَيانِ
هما [m.]	يشكوانِ	يمشيانِ	يبقَيانِ
هما [f.]	تشكوانِ	تمشيانِ	تبقَيانِ

II Trouvez la forme correcte du verbe. Attention à la position du sujet.

4 أنا ... كلّ يوم ثلاثة كيلومتراً!
a. أجري
b. يجري
c. تجرون

1 ... أنكَ مشغول جدّاً اليوم.
a. تبدو
b. أبدو
c. يبدو

5 أنتَ ... دائماً اسم المدير.
a. تنسين
b. تنسى
c. تنسون

2 ... سميرة أن تتّصل بها غداً مساءً.
a. نرجو
b. ترجو
c. ترجين

6 ما عندنا نقود ولهذا السّبّاب ... في مدينتنا في الصّيف.
a. يبقى
b. تبقى
c. نبقى

3 لماذا ... الأطفال في المدرسة؟
a. يبكين
b. يبكيان
c. يبكي

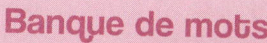

12 Complétez avec la forme correcte du verbe entre parenthèses.

a. .... (رضى) بنصيبنا. لا يمكن تغيير ذلك...
b. .... (رمى) علي كرة اليد إليّ.
c. التّاكسي غالٍ ولذلك هي .... (مشى) على الأقدام.
d. أين .... (لقى) أصدقاءكِ بعد الدّروس؟
e. أنا .... (شكا) مِن قذارة غرفة الفندق.
f. لماذا .... (دعا) دائماً جميع الأقارب، يا عزيزة؟

Banque de mots

تغيير	changement
على الأقدام	à pied
قذارة	saleté
كرة اليد	handball
كيلومتر	kilomètre
لا يمكن	il n'est pas possible
لهذا السّبب	pour cela, pour cette raison
نصيب	destin

Verbes hamzés

Comme à l'accompli, les verbes appelés hamzés – qui portent une **hamza** sur une voyelle – n'ont aucune irrégularité, sauf pour les verbes qui commencent par أ et remplacent cette lettre par آ à la première personne du singulier : آخذ *je prends*, يأخذ *il prend*. Ceux qui se terminent en أ remplacent cette lettre par ئـ à la deuxième personne du singulier féminin, par وـ aux deuxième et troisième personnes du pluriel masculin et par آ pour les formes du duel de la troisième personne masculin. Voici les formes de قرأ *lire*.

	قرأ
أنا	أقرأ
أنتَ	تقرأ
أنتِ	تقرئين
هو	يقرأ
هي	تقرأ
نحن	نقرأ
أنتم	تقروون
أنتنّ	تقرأن
هم	يقروون
هنّ	يقرأن
أنتما	تقرآن
هما [m.]	يقرآن
هما [f.]	تقرآن

CHAPITRE 15 : LES IRRÉGULARITÉS DE L'INACCOMPLI

13 Complétez les phrases suivantes en utilisant les formes verbales de la liste ci-dessous. Chaque forme ne peut être utilisée qu'une seule fois.

آكل – يبدأن – تقرئين – آسف – تبدؤون

a. .... عن تأخيري!
b. اليوم .... في مطعم مغربيّ.
c. هل .... الأخبار كلّ يوم، يا مريم؟
d. في أيّة ساعة .... العمل صباحاً؟
e. الطبّاخات .... تحضير الحلويات.

Banque de mots

| أخبار | nouvelles, informations |
| تحضير | préparation |

14 Complétez le tableau suivant.

ملأ	بدأ	
		أنتِ
		أنتم
		أنتنّ
		هم
		هنّ
		أنتما
		هما [m.]

مبروك! (Félicitations !) Vous êtes venu à bout du chapitre 15 ! Il est maintenant temps de comptabiliser les icônes et de reporter le résultat en page 128 pour l'évaluation finale.

16
Le futur

Le futur est exprimé par l'inaccompli, auquel on ajoute le préfixe سـ ou que l'on fait précéder de سوف. Il n'existe aucune différence entre ces deux formes et on a donc deux traductions possibles pour un verbe comme *j'irai* : سأذهب ou سوف أذهب.

1 Reliez ces verbes au futur avec le pronom personnel adéquat.

1 سنلعب كرة القدم.	a أنا
2 متى ستلبس؟	b أنتم
3 في أية ساعة ستقومينَ؟	c هو
4 غداً سأنام طويلاً.	d هنّ
5 هل ستذهبان إلى الحفلة؟	e هي
6 سيكتب رسالةً لكِ.	f نحن
7 ستدرسون العربيّة في الجامعة.	g أنتما
8 ماذا سيجهزنَ للفطور؟	h أنتِ

2 Mettez ces phrases au futur.

a. نحضر معرضاً اقتصادياً في باريس.

b. أشرب قهوة في مقهى شرقيّ.

c. هو يزور أصدقاءنا مِن بغداد.

d. تذهب معي إلى محطّة القطار؟

e. تدفعون الفاتورة غداً، أليس كذلك؟

f. يطبخنَ لكم كباباً للغداء.

g. تلعبينَ الشّطرنج ضدّ أختي.

h. تتركانِ العمل في البنك الوطنيّ.

CHAPITRE 16 : LE FUTUR

3 Planifiez votre semaine en utilisant les verbes donnés au futur.

a. يوم السّبت / درس / اللّغة العربيّة ....
b. يوم الأحد / لعب / كرة السّلّة ....
c. يوم الاثنين / ذهب / إلى السّينما ....
d. يوم الثّلاثاء / زار / الأقارب ....
e. يوم الأربعاء / حضر / حفلة موسيقيّة ....
f. يوم الخميس / لقي / سميرة على العشاء ....
g. يوم الجمعة / كتب / روايات ....

Banque de mots

اقتصادي	économique
ترك	quitter, abandonner, laisser
حفلة موسيقيّة	fête musicale, concert
سينما	cinéma
شطرنج	échecs
ضدّ	contre
طه حسين	Taha Hussein (écrivain égyptien)
فاتورة	facture
كباب	kebab
كرة السّلّة	basket-ball
محطّة القطار	gare
مسرح	théâtre
موسيقيّ	musical
معرض	exposition, salon
مكتبة	bibliothèque
يوسف	Yousouf

4 Complétez les phrases suivantes en utilisant les formes verbales de la liste ci-dessous (chaque forme ne peut être utilisée qu'une seule fois).

سترجع – سأنزل – سيقرأ – نمشي – تذهبون – ستغسل

a. سوف .... إلى وسط المدينة بالتّاكسي.
b. متى .... أمّكَ مِن السّوق؟
c. .... أمام مكتبة الجامعة مِن الباص.
d. سوف .... أنا وزوجتي إلى المسرح.
e. متى .... السّيّارة، يا يوسف؟
f. مَن .... هذا الكتاب لِطه حسين؟

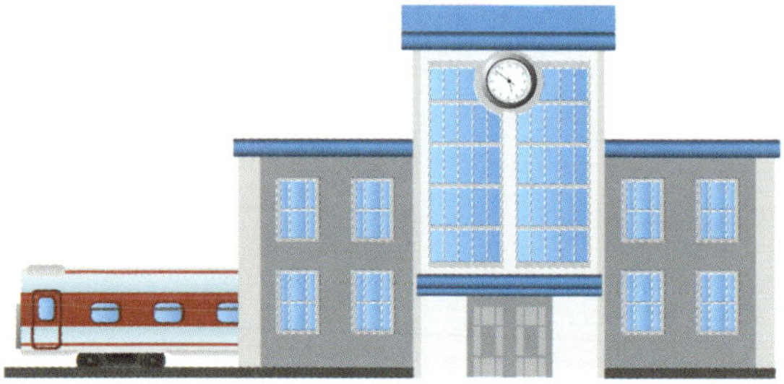

CHAPITRE 16 : LE FUTUR

Phrases nominales au futur

Les phrases nominales sont mises au futur en utilisant la forme inaccomplie de يكون : Je suis au Caire → أنا في القاهرة (أنا) ← Je serai أكون في القاهرة : كان ← يكون au Caire. Comme pour l'accompli, après يكون l'objet est au cas direct.

5 Mettez ces phrases verbales au futur.

a. نحن في العطلة.
b. أنتِ غنيّة.
c. أنتما سعيدان.
d. هم محبوبون.
e. هل نادية موجودة؟
f. هما عاقلان.
g. أنتنّ في الجزائر.

Banque de mots

حسود	envieux, jaloux
سعيد	heureux, joyeux
عاقل	intelligent
لقمة	bouchée
محبوب	aimé
مسرور	content
معارف	connaissances, amis
منزل	maison, domicile

6 Mettez les formes correctes de يكون dans les phrases suivantes.

تكونون – أكون – يكون – يكنَّ – تكون – يكونان

a. أنا .... شبعاناً بعد هذه اللّقمة.
b. متى .... في البيت، يا أحمد؟
c. أنتم .... مسرورينَ في المنزل الجديد.
d. أظنّ أنّ سليماً .... حسوداً.
e. هل .... هما أيضاً في قريتكم؟
f. هنّ .... مساءً عند معارفهنّ.

مبروك! (Félicitations !) Vous êtes venu à bout du chapitre 16 ! Il est maintenant temps de comptabiliser les icônes et de reporter le résultat en page 128 pour l'évaluation finale.

17
L'inaccompli apocopé

« Apocopé » signifie qu'on assiste à une disparition des voyelles. L'inaccompli apocopé du verbe est une forme verbale utilisée notamment avec la négation (voir pages 118-119) mais aussi pour former l'impératif. Il s'agit au fond de la même forme que celle de l'inaccompli, mais sans les voyelles brèves finales et le ـن / ن final des autres terminaisons, sauf aux deuxième et troisième personnes féminines. Pour les deuxième et troisième personnes masculines du pluriel, le ـن / ن est supprimé et remplacé par un ا muet. Conjuguons à nouveau le verbe ذهب *aller*.

Pluriel		Duel		Singulier	
nous allons	نَذْهَبْ			je vais	أَذْهَبْ
vous allez [m.]	تَذْهَبوا	vous (deux) allez	تَذْهَبا	tu vas [m.]	تَذْهَبْ
vous allez [f.]	تَذْهَبْنَ			tu vas [f.]	تَذْهَبي
ils vont	يَذْهَبوا	ils (eux deux) vont	يَذْهَبا	il va	يَذْهَبْ
elles vont	يَذْهَبْنَ	elles (deux) vont	تَذْهَبا	elle va	تَذْهَبْ

❶ Mettez ces verbes à l'inaccompli apocopé.

كتب	فعل	شرب	
			أنا
			أنتَ
			أنتِ
			هو
			نحن
			أنتم
			هم
			هنّ
			أنتما

Banque de mots

أمريكا	Amérique
علم	science

2 Prenez les verbes à l'accompli dans les phrases suivantes et transformez-les à l'inaccompli apocopé. Exemple : بحثْتُ عن دفتري ← أبحثْ

a. شربتم حليباً. ←
b. ذهبوا إلى السّينما. ←
c. رجعتِ مِن أمريكا. ←
d. نزلتما مِن الجبل. ←
e. دخلتا المتحف. ←
f. رسمتْ صورة جميلة. ←
g. درسنَ علم الكيمياء. ←

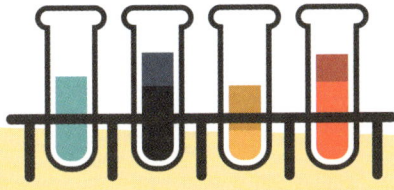

Pour les verbes concaves – c'est-à-dire les verbes comportant un و ou un ي en position centrale à l'inaccompli –, on remplace ces lettres respectivement par **damma** et **kasra**, sauf à la deuxième personne du singulier féminin, aux deuxième et troisième personnes du masculin pluriel ainsi qu'au duel. Les verbes défectueux remplacent également le و ou ي final par **damma** ou **kasra**, sauf au duel et au pluriel du féminin. Comparez :

	مشى	قال	
	أمشِ	أقُلْ	أنا
	تمشِ	تقُلْ	أنتَ
	تمشي	تقولي	أنتِ
	يمشِ	يقُلْ	هو
	تمشِ	تقُلْ	هي
	نمشِ	نقُلْ	نحن
	تمشوا	تقولوا	أنتم
	تمشينَ	تقُلْنَ	أنتنّ
	يمشوا	يقولوا	هم
	يمشينَ	يقُلْنَ	هنّ
	تمشيا	تقولا	أنتما
	يمشيا	يقولا	هما [m.]
	تمشيا	تقولا	هما [f.]

CHAPITRE 17 : L'INACCOMPLI APOCOPÉ

3 Mettez le verbe indiqué à la forme correcte.

a. باع (هو) ....
b. زار (هي) ....
c. صام (هم) ....
d. نام (أنتَ) ....
e. بدا (هما) ....
f. رجا (أنتما) ....
g. ذاب (هنّ) ....
h. بقي (أنا) ....

4 Ajoutez le pronom personnel correct.

a. .... تصيحي
b. .... يدُر
c. .... نزِد
d. .... تنسينَ
e. .... تشكوا
f. .... أبكِ
g. .... تمشيا
h. .... يقولوا

 (Félicitations !) Vous êtes venu à bout du chapitre 17 ! Il est maintenant temps de comptabiliser les icônes et de reporter le résultat en page 128 pour l'évaluation finale.

L'impératif

On forme l'impératif à partir de l'inaccompli apocopé. La base de référence est normalement la deuxième personne du masculin singulier. Prenons par exemple تَكْتُبْ : pour former l'impératif *écris !*, il faut simplement remplacer le تـ initial par أُ. On aura donc : أُكْتُبْ ! *écris !*

Voici les cinq formes :

تكتبُ *tu écris* [m.] → أُكتبْ! *écris !* [m.]

تكتبينَ *tu écris* [f.] → أُكتبي! *écris !* [f.]

تكتبونَ *vous écrivez* [m.] → أُكتبوا! *écrivez !* [m.]

تكتبنَ *vous écrivez* [f.] → أُكتبنَ! *écrivez !* [f.]

تكتبانِ *vous (deux) écrivez* → أُكتبا! *écrivez !*

Pour les verbes dont la deuxième voyelle n'est pas **damma**, mais **fatha** ou **kasra**, le أُ initial caractéristique de l'impératif devient اِ : اِسمعْ! ← تَسْمَعْ *écoute !* ; اِجلسْ! ← تَجْلِسْ *assieds-toi !*

❶ Transformez ces phrases en ordre, en utilisant l'impératif. Exemple :

اِفتحْ البابَ (يا محمّد)! ← يفتح محمّد البابَ.

a. .... ← يدخل الشّباب البيت.

b. .... ← ترقص ليلى الفالس.

c. .... ← تغسل البنات الملابس.

d. .... ← تنزل سميرة بالمصعد.

e. .... ← يبحث علي ومريم عن شقّةٍ.

f. .... ← يطبخ فؤاد العشاء.

g. .... ← يضحك الأطفال.

CHAPITRE 18 : L'IMPÉRATIF

2 Créez les cinq formes de l'impératif des verbes suivants.

رجع (rentrer, revenir)	شرب (boire)	نظر (regarder)	
اِرجعْ			أنتَ
		اُنظري	أنتِ
			أنتم
	اِشربنَ		أنتنّ
			أنتما

3 Reliez chaque phrase à l'impératif au dessin adéquat.

a ● اِحرقْ الأوراق!

b ● اِحملوا الأحجار!

c ● أدرسا التّمرين!

d ● أرسمنَ صوراً جميلة!

e ● اِزرعي شجرة!

f ● أطبخْ طعاماً لذيذاً!

● 1

● 2

● 3

● 4

● 6

● 5

Banque de mots

أوراق	feuilles
تمرين	exercice
حجرة / أحجار	pierre (sg./pl.)
فالس	valse (danse)
مصعد	ascenseur

CHAPITRE 18 : L'IMPÉRATIF

Ce schéma qu'on vient de voir est celui pour les verbes dont la base verbale – c'est-à-dire la forme créée après avoir éliminé le تَـ initial – porte un **soukoun** à l'inaccompli apocopé. Pour les autres modèles de verbes, l'alif initial n'est pas appliqué. C'est le cas pour les verbes dont la deuxième consonne est redoublée : رُدَّ ← يرُدُّ *réponds* !, mais également les verbes qui commencent avec **hamza** ou **waw**, comme خُذْ ← يأخذ ! *prends* ! ou جِدْ ← يَجِدْ *trouve* ! et les verbes concaves : قُلْ ← تَقُلْ *dis* !

4 Reliez chaque impératif arabe avec sa traduction française.

1 • قُلْ!   • a Prends ! [f.]
2 • ضَعي!   • b Lève-toi ! [m.]
3 • قِفنَ!   • c Dis ! [m.]
4 • جِدا!   • d Arrêtez-vous ! [f.]
5 • قُمْ!   • e Mets ! [f.]
6 • خُذي!   • f Mange ! [m.]
7 • قصّوا!   • g Coupez ! [m.]
8 • كُلْ!   • h Trouvez ! [duel]

5 Complétez ces phrases en mettant la forme correcte de l'impératif.
Pour f., il y a une forme dont l'inaccompli n'est plus utilisé dans la langue moderne.

a. Courez [m.] vite ! (جرى) بسرعة!

d. Dors [f.] sur le sofa ! (نام) على الأريكة!

b. Allez [duel] tout droit ! (مشى) على طول!

e. Lis [m.] à haute voix ! (قرأ) بصوت عالٍ!

c. Oubliez [f.] tous les problèmes !
(نسي) جميع المشاكل!

f. Viens [m.] demain ! (عال) غدًا!

مبروك! (Félicitations !) Vous êtes venu à bout du chapitre 18 ! Il est maintenant temps de comptabiliser les icônes et de reporter le résultat en page 128 pour l'évaluation finale.

19
La négation

L'arabe connaît deux types de phrases : les **phrases verbales** et les **phrases nominales**. Pour la négation des phrases verbales, on distingue des schémas différents s'il s'agit de verbes à l'accompli, à l'inaccompli ou à l'impératif.

Négation des phrases verbales à l'accompli

La négation des phrases verbales pour les verbes accomplis est habituellement composée de l'élément ما *ne pas*. Celui-ci se place devant le verbe et il est aussi appliqué pour كان.

1 Répondez à ces questions par la négative. Exemple :

هل عمل أبوكَ في البنك؟ ← لا، ما عمل في البنك، عمل في البريد.

a. هل وصلتْ سميرة بالباص؟ ← لا، .... بالقطار.

b. هل غسل أحمد قميصاً؟ ← لا، .... سترة.

c. هل درستَ اللّغة التركيّة؟ ← لا، .... اللّغة العربيّة.

d. هل سبحتم في النّهر؟ ← لا، .... في المسبح.

e. هل قرأتِ جريدة اليوم؟ ← لا، .... فقط مجلّة عن السّينما.

f. هل لعب الشّباب كرة القدم؟ ← لا، .... كرة السّلّة.

2 Transformez ces phrases au présent en phrases au passé — en utilisant les formes de كان – et mettez-les à la forme négative. Exemple :

أنا في الكويت. ← ما كنتُ في الكويت.

a. أنا مريض. ......
b. أنتَ في الفندق. ......
c. هي سمينة. ......
d. نحن مهذّبون. ......
e. أنتم في العطلة. ......
f. هنّ وسيمات. ......

3 Reliez ces cinq termes exprimant une négation aux phrases adéquates.

a ● ما فهمنا ... في هذا الفيلم.	● 1 أبداً (jamais)
b ● ما رأيتُ ... مِن أصدقائي هناك.	● 2 شيئاً (rien)
c ● ما وجدتْ قلمها	● 3 في أيّ مكان (nulle part)
d ● ما كنتم ... في السّعوديّة.	● 4 أيّ ... (aucun...)
e ● ما سمعتِ عن ... مشكلة.	● 5 أحداً (personne)
f ● ما كان عندنا ... شكّ.	● 6 أيّة ... (aucune...)

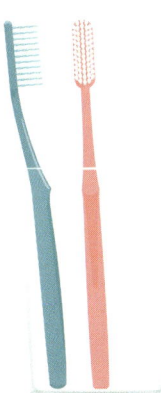

Banque de mots

فرشاة الأسنان	brosse à dents	تركيّ	turc
فكرة	idée	سترة	veste
مهذّب	poli	سمين	gros
نهر	rivière	شكّ	doute
وسيم	beau	فرشاة	brosse

CHAPITRE 19 : LA NÉGATION

Autre négation au passé

Il existe une deuxième possibilité pour exprimer la négation d'un verbe au passé, qui consiste à employer لم avec la forme de l'inaccompli apocopé du verbe (voir page 110). Cette forme est cependant plus élaborée et on l'utilise surtout à l'écrit.

4 Mettez les phrases suivantes à la forme négative en utilisant لم et le verbe à sa forme de l'inaccompli apocopé. Exemple :

سمعتَ القصّة. ← لم تسمعْ القصّة.

a. مررتُ بالمتحف الوطنيّ.
b. كتب كتاباً عن التّاريخ العربيّ.
c. دفعنا ببطاقة الائتمان.
d. شربتم فقط ماءً معدنيّاً.
e. أكلوا وجبات شرقيّة.

5 Choisissez la forme correcte du verbe.

1 ما ... عن شقّة رخيصة.
a. نبحثُ
b. بحثنا
c. نبحثْ

2 لم ... في حفلتكم.
a. أرقصْ
b. أرقصُ
c. رقصتُ

3 لم ... أين أختكِ.
a. تعرفْ
b. تعرفي
c. تعرفينَ

4 ما ... بيتكم مِن باب الدّخول.
a. ندخلْ
b. تدخلوا
c. دخلنا

5 لم ... طاولة في مطعم لبنانيّ.
a. تحجزوا
b. تحجزونَ
c. تحجزانِ

CHAPITRE 19 : LA NÉGATION

Négation à l'inaccompli et à l'impératif

Pour mettre les verbes à l'inaccompli à la forme négative, il faut les faire précéder de لا : لا أفهمُ *Je ne comprends pas.* Pour la négation de l'impératif, on utilise aussi لا, mais avec l'inaccompli apocopé : لا تكتبْ! *N'écris pas !*

6 Mettez les verbes à l'inaccompli à la forme négative.

a. أقرأ كلَّ يوم الجريدة الوطنيّة.
b. تسكن في بيت كبير في وسط المدينة.
c. يعمل فؤاد في مكتب البريد.
d. تدرس سميرة الآداب العربيّة.
e. نكتب رسالة للأصدقاء السّوريّين.
f. تفهمون فقط الفرنسيّة والإنكليزيّة.

7 Choisissez la forme correcte du verbe.

1 لا ... عنوانكَ الجديد.
a. أعرفُ
b. عرفتُ
c. أعرفْ

2 لا ... الحلويات الشرقيّة.
a. تحبّي
b. تحبّينَ
c. تحبّ

3 لا ... أبداً ببيت أبو حسن.
a. مررنا
b. مرّا
c. نمرّ

4 لا ... الأطفال إلى المدرسة.
a. يذهبون
b. يذهبوا
c. يذهبُ

5 لماذا لا ... في هذا المطعم؟
a. تأكلُ
b. تأكلْ
c. تأكلي

CHAPITRE 19 : LA NÉGATION

8 Mettez ces verbes (à l'impératif) à la forme négative. Exemple :

أُكتبْ على اللّوحة! ← لا تكتبْ على اللّوحة!

a. اِجْري بسرعة!

....

b. اِقْرأ التّمرين!

....

c. أُنظروا مَن أمام الباب!

....

d. خُذنَ النّقود!

....

e. اِجلسا على الأريكة!

....

9 Traduisez ces impératifs négatifs.

a. Ne mange [m.] pas la nourriture !

....

b. Ne marche [f.] pas dans la rue !

....

c. Ne doutez [m.] pas de ce que je dis !

....

d. Ne dormez [f.] pas au bureau !

....

e. N'oublie [m.] pas mon cadeau !

....

f. Ne répondez [duel] pas tout de suite !

....

CHAPITRE 19 : LA NÉGATION

Banque de mots

histoire	تاريخ		littérature	آداب
tout de suite, immédiatement	حالاً		sofa	أريكة
triste	حزين		anglais	إنكليزيّ
temps	زمن		carte	بطاقة
eau	ماء		carte de crédit	بطاقة الائتمان
eau minérale	ماء معدنيّ			
depuis longtemps, il y a longtemps	مِن زمن طويل			
chamelle	ناقة			
plat	وجبة			

10. Décidez s'il faut mettre لم, ما ou لا dans les phrases suivantes.

a. ... تَسْمَعْ هذه الموسيقى الحزينة!

b. ... زَرْتُ خالي مِن زمن طويل.

c. ... تنجحْ في الامتحان.

d. ... تنامُ طويلاً اليوم.

e. ... ينبحْ كلب الجيران.

f. ... باع يوسف ناقته.

مبروك! (Félicitations !) Vous êtes venu à bout du chapitre 19 ! Il est maintenant temps de comptabiliser les icônes et de reporter le résultat en page 128 pour l'évaluation finale.

SOLUTIONS

1. L'écriture

Nom	Isolée	Initiale	Médiane	Finale
bâ'	ب	بـ	ـبـ	ـب
tâ'	ت	تـ	ـتـ	ـت
thâ'	ث	ثـ	ـثـ	ـث
jîm	ج	جـ	ـجـ	ـج
khâ'	خ	خـ	ـخـ	ـخ
dhâl	ذ	ذ	ـذ	ـذ
zây	ز	ز	ـز	ـز
chîn	ش	شـ	ـشـ	ـش
dâd	ض	ضـ	ـضـ	ـض
zâ'	ظ	ظـ	ـظـ	ـظ
ghayn	غ	غـ	ـغـ	ـغ
fâ'	ف	فـ	ـفـ	ـف
qâf	ق	قـ	ـقـ	ـق
noûn	ن	نـ	ـنـ	ـن
yâ'	ي	يـ	ـيـ	ـي

Nom	Isolée	Initiale	Médiane	Finale
alif	ا	ا	ـا	ـا
dâl	د	د	ـد	ـد
dhâl	ذ	ذ	ـذ	ـذ
râ'	ر	ر	ـر	ـر
zâ'	ز	ز	ـز	ـز
wâw	و	و	ـو	ـو

Nom	Isolée	Initiale	Médiane	Finale
hâ'	ح	حـ	ـحـ	ـح
sîn	س	سـ	ـسـ	ـس
sâd	ص	صـ	ـصـ	ـص
tâ'	ط	طـ	ـطـ	ـط
ʿayn	ع	عـ	ـعـ	ـع
kâf	ك	كـ	ـكـ	ـك
lâm	ل	لـ	ـلـ	ـل
mîm	م	مـ	ـمـ	ـم
hâ'	ه	هـ	ـهـ	ـه

4. a. جبل b. حلم c. خبز d. سجن e. شخص f. بحر g. عمل h. ظهر i. ضعف j. بطيخة

5. a. سوق b. درس c. زوج d. دار e. كاذب f. تذكرة g. قانون h. بغداد i. ثقافة j. راديو

6. a. ت + ه + ن + ئ + ء b. ا + ب + ت + د + ا c. ا + ف + ل + ا + م d. ل + و + ل + ة e. م + س + ا + ء f. م + ر + أ + ة g. ن + ا + ئ + ب h. إ + س + ل + ا + م i. أ + ن + ا + م + ل j. ذ + ئ + ا + ب

7. a. أخت b. أطفال c. ألم d. اهتمام e. حال f. خريطة g. رمادي h. وجه i. طريق j. ظروف k. غرفة l. مبلغ m. نظرة n. ورقة o. يسار

8.

	1	2	3	4	5	6	7	8	9	10
A	ت				ج		ر	ة		س
B	و			ر				ظ	ف	
C		ب		ا		ل		ي		
D			ب			ل				
E	ش				ح			ن		
F	م			س		م			ل	
G				ب		ن			ل	
H	ل		ع				و	ص		ل
I	غ									
J				ط			ئ		م	

2. La vocalisation

1. a. مَسْجِد b. اَليَوْم c. قِنِّينَة d. عُنْوان e. اَلبَحْرَيْن f. دِمَشْق g. مَحْكَمَة h. اَلخُضَر

2. a. شـ + قْ + ة b. مَـ + وْ + ة c. سُـ + و + رِ + يَ + ا d. أَ + لْـ + فَ + ة e. قَـ + ةِ + ة + و + رَ + ة f. مْـ + يِ + نْ + نَ + أ g. أَ + ءُ + ا + ا + مْـ + حَـ + مَ + ءْ + لْ + اَ h. طِـ + حَ + فْ + نْـ + دُ + قَ

3. a. طالِب b. دُروس c. ناس d. مَعَ زَميلٍ e. اَلقَلَم f. أَنا أيضاً g. طَبّاخ

a. al-waladou b. al-matbakhou c. jâmiʿatoune d. al-madînatou
e. ṣadîqoune f. tilmîdhatoune g. al-fallâhou h. toûnisou

5. 1. b. 2. a. 3. a. 4. b. 5. b. 6. a.

6. a. صَباحُ الخَيرِ! b. مَساءُ الخَيرِ! c. أَهلاً وَسَهلاً! d. تَفَضَّلْ يا سَيِّدي! e. شُكراً جَزيلاً يا آنِسَتي! f. عَفواً يا سَيِّدَتي! g. شَهِيَّة طَيِّبَة! h. رِحلَة سَعيدَة!

7. 1. bi-koulli souroûrine! : C 2. kayfa hâlouki? : E 3. min ʿayna ʾanta : H
4. hadhâ yakfî! : D 5. ʾanâ âsifoune! : G 6. mâ_smouki? : B
7. hal tatakallamou_l-ʿarabiyyata : A 8. ʾa-laysa ka-dhalika? : F

8. 1. E. لا يَهُمّ! 2. C. حَظّاً سَعيداً! 3. B. عَلى الرَّأسِ وَالعَينِ!
4. J. إلى اللِّقاءِ! 5. H. أَنا بِخَيرٍ! 6. F. عيداً سَعيداً!
7. A. بارَكَ اللهُ فيكَ! 8. G. كَمِ السّاعَةُ؟ 9. I. نَعَم، هَذا صَحيحٌ!
10. D. لا بَأسَ!

9. a. اَلحَمدُ لِلهِ! b. إن شاءَ اللهُ! c. لَيلَة سَعيدَة! d. ما شاءَ اللهُ!
e. اَلسَّلامُ عَلَيكُم! f. وَعَلَيكُمُ السَّلامُ! g. مِن فَضلِكَ / فَضلِكِ!
h. مَبروك! i. مَعَ السَّلامَة!

3. La racine

1. a. ش ر ف b. ح س ن c. س ل م d. ف ه م e. ك ث ر f. خ ر ج
g. ق د ر h. ر ك ب i. د ر س j. ث ق ل k. ك ل م l. ع م ل

2. a. ع ق د ; ح د ث ; ش ر ك ; ع ل م ; د ر س ; ص ر ف

3.

س ـ ف ـ ر	ش ـ ر ـ ب	ط ـ ع ـ م	ك ـ س ـ ر	ل ـ ع ـ ب
سفارة	شُرب	طعام	انكسر	ألعاب
سفرة	شربة	طَعم	كاسر	لاعب
سفير	مشروب	طَعِم	كَسّر	لُعبة
مسافر	يشربون	مطعم	مكسور	ملعب

4.

س ـ ك ـ ن	ط ـ ل ـ ب	ع ـ ر ـ ف	ع ـ ل ـ م
سكن	طلب	عرف	علم
ساكن	طالب	عارف	عالم
مَسكَن	مَطلَب	مَعرَف	مُعَلّم
مَسكون	مَطلوب	مَعروف	مَعلوم

5.

Schémas ↓	ح ـ م ـ د	ص ـ د ـ ق	ط ـ ب ـ خ	Racines →
أَفعَل	أحمد			
تَفعيل		تصديق		
فَعّال			طبّاخ	
فَعالة		صداقة		
فَعّالة			طباخة	
فَعل	حَمد			
فَعيل		صديق		
مَفعَل			مطبخ	
مُفعَّل	محمّد			
مُفعَّلة		مصنّفة		
مَفعول	محمود			طبوخ

6. a. جَمَعَ b. جَمْع c. جَمعيّة d. جامِع e. جامِعَة f. مَجموع
g. إجتِماع h. مُجتَمَع i. جَميع j. جَماعَة

4. L'article

1. b. d. e. f. h. i.

2. a. لعلي بيت جديد. b. علي في بيته الجميل.
c. مَن في البيت القديم؟ d. بيت علي الكبير في وسط المدينة.
e. أب علي مدير المكتبة في تونس.
f. مكتبة المدينة القديمة الجديدة كبيرة جدّاً.
g. أين باب مطبخ البيت الجديد؟
h. يدرس طلّاب جامعة الدار البيضاء في المكتبة.

3. 1. a. 2. a. 3. b. 4. b. 5. a. 6. b.

4. a. الفندق b. فندق c. القلم d. قلم e. الكتاب f. كتاب

SOLUTIONS

5. Le nom et l'adjectif

❶
FÉMININ	MASCULIN
الطَّالِبَة الصَّغِيرَة	الطَّالِب الصَّغِير
عَمَّة مَرِيضَة	عَمّ مَرِيض
خَالَة جَمِيلَة	خَال جَمِيل
طَبَّاخَة جَيِّدَة	طَبَّاخ جَيِّد
الكَلْبَة الكَبِيرَة	الكَلْب الكَبِير
الوَالِدَة الجَوْعَانَة	الوَالِد الجَوْعَان
مُعَلِّمَة غَضْبَانَة	مُعَلِّم غَضْبَان
الصَّدِيقَة الحَزِينَة	الصَّدِيق الحَزِين
المُسَافِرَة المُسْتَعْجِلَة	المُسَافِر المُسْتَعْجِل

❷ a. صَدِيقٌ جَيِّدٌ. b. بَلَدٌ جَمِيلٌ. c. الشَّجَرَة الكَبِيرَة. d. المُهَنْدِس الصَّغِير. e. النَّهْر الطَّوِيل. f. فَتَاةٌ لَطِيفَة. g. شَارِعٌ قَدِيمٌ. h. المَعْرِض الجَدِيد.

❸
	ع	ن	ف	س
	ي	ر	و	د
ا	ر	ج	ب	ح
ض		ل		ص
ش	ق			ح
	د			ر
	م			ا
	س			ء

❹ 1. a. 2. a. 3. b. 4. b. 5. b. 6. b. 7. a. 8. a. 9. a. 10. b.

❺ a. أُمّ b. وَلَد c. مُمَرِّضَة d. فَلَّاحَة e. تِلْمِيذ f. جَدَّة g. عَرِيس h. مُعَلِّمَة

❻ a. عِنْدَنَا خَبَرٌ مُهِمٌّ لَكَ! b. أَيْنَ صَاحِبَتُكَ الجَمِيلَة؟ c. هُوَ يَسْكُن فِي بَيْتٍ قَدِيم / البَيْت القَدِيم. d. الأُمّ عَزِيزَة جِدّاً. e. قَرْيَتِي كَبِيرَة جِدّاً. f. هَلْ مِصْر وَاسِعَة؟

❼
FÉMININ	MASCULIN	
حَمْرَاء	أَحْمَر	السَّيَّارَة حَمْرَاء.
بَيْضَاء	أَبْيَض	القَمِيص أَبْيَض.
صَفْرَاء	أَصْفَر	المِنْدِيل أَصْفَر.
خَضْرَاء	أَخْضَر	الحَقِيبَة خَضْرَاء.
زَرْقَاء	أَزْرَق	الكُرْسِيّ أَزْرَق.
سَوْدَاء	أَسْوَد	المَائِدَة سَوْدَاء.

❽ 1. d. الدَّم أَحْمَر 2. h. الحَلِيب أَبْيَض 3. j. اللَّيْمُونَة صَفْرَاء 4. a. المَرْج أَخْضَر 5. i. السَّمَاء زَرْقَاء 6. k. القَهْوَة سَوْدَاء 7. g. الدُّخَان رَمَادِيّ 8. c. الشَّعْر بُنِّيّ 9. e. البَاذِنْجَانَة لَيْلَكِيَّة 10. f. الزَّهْرَة وَرْدِيَّة 11. b. الجَزَرَة بُرْتُقَالِيَّة

❾
	masculin	féminin	Élatif	pluriel
	بَعِيد	أَبْعَد	بُعْدَى	بُعُد
	ثَقِيل	أَثْقَل	ثُقْلَى	ثُقَل
	رَخِيص	أَرْخَص	رُخْصَى	رُخَص
	صَغِير	أَصْغَر	صُغْرَى	صُغَر
	فَقِير	أَفْقَر	فُقْرَى	فُقَر
	قَدِيم	أَقْدَم	قُدْمَى	قُدَم
	قَصِير	أَقْصَر	قُصْرَى	قُصَر
	كَثِير	أَكْثَر	كُثْرَى	كُثَر

❿ a. أَحَرّ b. أَقَلّ c. أَشَدّ d. أَعْلَى e. أَكْثَر f. أَقْبَح

⓫ a. حَقِيبَتُكَ الثُّقْلَى. b. عَلِيّ أَغْنَى مِن سَلِيم. c. فَاطِمَة الجَمْلَى فِي المَكْتَب. d. هَذِهِ السَّيَّارَة أَقْوَى مِن تِلْكَ. e. هَذَا التِّلْمِيذ أَذْكَى مِن المُعَلِّم. f. مَطَار أَبُو ظَبْيِ أَحْدَث مِن مَطَار صَنْعَاء. g. الجَامِعَة الأُرْدُنِيَّة فِي عَمَّان هِيَ أَقْدَم جَامِعَة فِي الأُرْدُن. h. هَلْ تَعْرِفِينَ أَجَدّ مُتْحَف فِي مَدِينَتِنَا!

6. Le pluriel

❶ a. طَبَّاخُون b. مُعَلِّمُون c. نَجَّارُون d. خَبَّازُون e. مُسَافِرُون f. مَلِكَات g. لُغَات h. زُجَاجَات i. وَكَالَات j. شَرِكَات

❷ a. مُدَرِّس b. سَيَّارَة c. مُحَاسِب d. مُمَرِّضَة e. مُهَنْدِس f. ثَلَّاجَة

❸ 1. g. صَحْرَاوَات 2. d. حَمَّامَات 3. h. كَمْبِيُوتَرَات 4. f. بَاصَات 5. c. اِجْتِمَاعَات 6. b. رَادْيُوَات 7. e. جَوَازَات 8. a. تِلِيفُونَات

❹ 1. g. 2. h. 3. d. 4. f. 5. a. 6. b. 7. c. 8. e.

❺
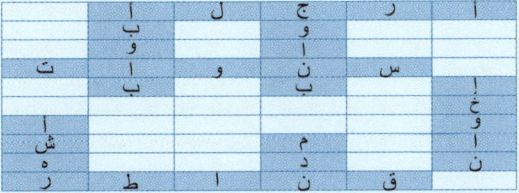

❻
أَفْعَال	فُعُل	فُعَل	فِعَال	فُعُول
أَحْلَام	أُسُس	جُمَل	جِبَال	حُقُوق
أَسْوَاق	سُفُن	دُوَل	رِجَال	شُكُوك
أَقْسَام	صُحُف	صُوَر	رِمَال	قُرُون
أَلْوَان	طُرُق	غُرَف	سِلَال	مُلُوك

❼
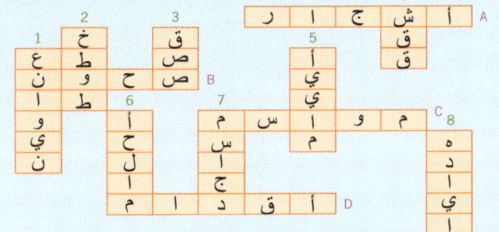

❽ a. أَيْنَ المُحَامُون المِصْرِيُّون؟ b. هَلْ النِّسَاء دَائِماً مَشْغُولَات؟ c. كَيْفَ القَوَانِين الرَّسْمِيَّة؟ d. الأَقَارِب المُسِنُّون فِي المَغْرِب. e. أَيْنَ الوُزَرَاء اللُّبْنَانِيُّون؟ f. هَلْ عَلَاقَات الدُّوَل العَرَبِيَّة جَيِّدَة؟ g. إِخْوَانُكُم لُطَاف جِدّاً. h. هَلْ رَأَيْتَ أَوْلَادِي الصِّغَار؟

❾ a. مَاذَا يَفْعَل الرِّجَال التَّعْبَانُون؟ b. هَلْ الرِّيَاضِيُّون ضِعَاف اليَوْم؟ c. العُمَّال زَعْلَانُون جِدّاً. d. هَلْ المُلُوك عِظَام؟ e. أَيْنَ الفِتْيَان النَّعْسَانُون؟ f. هَلْ الأُمَرَاء كِرَام؟

❿ a. يَبْحَث السَّائِح العَطْشَان عَن مَقْهَى. b. أَيْنَ رَأَيْتَ الطَّالِب الكَسْلَان؟ c. يَنْتَظِر الشَّابّ المَرِيض الفَحْص. d. كَيْفَ حَال الجُنْدِيّ الجَرِيح؟ e. صَدِيقِي فِي الرِّيف فَقِير. f. هَلْ تَعَرَّفْت عَلَى جَارِنَا الجَدِيد؟ g. فِي مَكْتَبِي الزَّمِيل غَضْبَان جِدّاً. h. هَذَا الضَّيْف دَائِماً جَوْعَان. i. أَيْنَ التِّلْمِيذ الذَّكِيّ؟

⓫ 1. c. 2. a. 3. e. 4. d. 5. b. ⓬ 1. a. 2. a. 3. b. 4. a. 5. a. 6. b.

⓭ a. (deux yeux) عَيْنَان b. (deux oreilles) أُذُنَان c. (deux épaules) كَتِفَان d. (deux mains) يَدَان e. (deux bras) ذِرَاعَان f. (deux jambes) رِجْلَان g. (deux genoux) رُكْبَتَان h. (deux pieds) قَدَمَان

⓮ a. سَنَتَان b. وَزِيرَان c. مَدِينَتَان d. كَلْبَان e. صَوْتَان f. طِفْلَان

⓯
Forme collective	Singulier	Duel	Pluriel
بَطّ	بَطَّة	بَطَّتَان	بَطَّات
تُفَّاح	تُفَّاحَة	تُفَّاحَتَان	تُفَّاحَات
حَمَام	حَمَامَة	حَمَامَتَان	حَمَامَات
جَوْز	جَوْزَة	جَوْزَتَان	جَوْزَات
دَجَاج	دَجَاجَة	دَجَاجَتَان	دَجَاجَات
فَرَاش	فَرَاشَة	فَرَاشَتَان	فَرَاشَات
لَوْز	لَوْزَة	لَوْزَتَان	لَوْزَات
مَوْز	مَوْزَة	مَوْزَتَان	مَوْزَات

123

SOLUTIONS

8. Les pronoms personnels

① a. أنا b. هما c. أنتِ d. هو e. أنتَ f. نحن

② a. نحن في باريس. b. هما في الجزائر. c. هل هم موجودون في غرفة الصّفّ؟ d. هنّ من القاهرة. e. أنتما معلّمان في مدرسة كبيرة. f. أين أنتما؟ g. هل تعرف أين هي؟ h. هو كويتيّ، صحيح؟

③ a. هم b. هما c. هي d. هنّ e. هي f. هو g. هي

④ a. نحن تجّار. b. أنتم أطبّاء. c. أنتنّ موظفات. d. هنّ مهندسات. e. طلّاب. f. نحن جيران.

⑤ a. هل أنتما في المكتب؟ b. هما مريضتان اليوم. c. هما أستاذان في الجامعة. d. أنتما ممرّضتان في المستشفى. e. هما خبّازان في السّوق. f. أنتما مسافران إلى دمشق.

⑥ a. لا، أنتما من سوريا. b. نعم، هو من الرّباط. c. نعم، أنا شبعانة جدّاً. d. لا، هما من ليبيا. e. نحن من السودان. f. هي في مكّة المكرّمة.

⑦ a. هذه هدية لكِ. b. هل عنده تذكرة؟ c. دائماً أفكّر فيهنّ. d. أعرف كلّ شيء منكم. e. هل تجيئين معي؟ f. لماذا تتّصلين بها؟ g. السلام عليكم. h. نكتب لهم بطاقة بريديّة.

⑧ 1. e. 2. c. 3. b. 4. a. 5. d.

⑨ a. أنا مشتاق إليها. b. نحن نحبّه. c. أنتَ تفكّر فيهم. d. هل رأيتِهما؟ e. متى تتّصل بهنّ؟

⑩

سوف أكتب لـ...	لكَ	لكِ	له	لها	لكما	لكم	لهم
ذهبتُ إلى...	إليكَ	إليكِ	إليه	إليها	إليكما	إليكم	إليهم
نثق بـ...	بكَ	بكِ	به	بها	بكما	بكم	بهم
أريد أن أسافر مع...	معكَ	معكِ	معه	معها	معكما	معكم	معهم
ما سمعتُ شيئاً عن...	عنكَ	عنكِ	عنه	عنها	عنكما	عنكم	عنهم
كنّا هناك بدون...	بدونكَ	بدونكِ	بدونه	بدونها	بدونكما	بدونكم	بدونهم

| | أنتَ | أنتِ | هو | هي | أنتما | أنتم | هم |

⑪ 1. d. 2. c. 3. f. 4. a. 5. b. 6. e.

⑫ a. أنا فعلته بنفسي. b. هل رسمتِها بنفسكِ؟ c. هو يرى نفسه في المرآة. d. هم يساعدون أنفسهم في المكتب. e. نحن نرى أنفسنا كأولاد. f. اشترت الأزهار لنفسها.

⑬ a. عندها b. عنده c. عندكَ d. عندي e. عندكما f. عندنا

⑭ a. لديكم b. عندكَ c. لي d. عندكِ e. لدينا

⑮ a. لا، ليس عندها إخوة. b. نعم، عندي ابنة. c. لا، ليس عندهم كُتُب. d. نعم، عندنا فكرة. e. لا، ليس عندهم عملاً.

⑯ a. مَن خطيبكِ؟ b. أين أمّكم؟ c. ما اسمه؟ d. هذا حيّنا. e. كم عمركَ؟ f. هل تعرف أين أختها؟

⑰ a. جنسيّتهنّ مصريّة. b. مهنتنا مهندس. c. اسمه سليم. d. عنوانهم صندوق بريد ٩٢٦٦٤ عمّان، الأردنّ. e. جنسيّتنا لبنانيّة. f. مهنتكم طبيب.

⑱ Singulier

	ابن	عائلة	رأي	عينان
أنا	ابني	عائلتي	رأيي	عيناي
أنتَ	ابنكَ	عائلتكَ	رأيكَ	عيناكَ
أنتِ	ابنكِ	عائلتكِ	رأيكِ	عيناكِ
هو	ابنه	عائلته	رأيه	عيناه
هي	ابنها	عائلتها	رأيها	عيناها

Duel & pluriel

	شارع	قرية	حيّ	معلّمون
نحن	شارعنا	قريتنا	حيّنا	معلّمونا
أنتم	شارعكم	قريتكم	حيّكم	معلّموكم
أنتنّ	شارعكنّ	قريتكنّ	حيّكنّ	معلّموكنّ
أنتما	شارعكما	قريتكما	حيّكما	معلّموكما
هم	شارعهم	قريتهم	حيّهم	معلّموهم
هنّ	شارعهنّ	قريتهنّ	حيّهنّ	معلّموهنّ
هما	شارعهما	قريتهما	حيّهما	معلّموهما

7. Les cas grammaticaux

① a. ماءٌ معدنيّاً b. الأمتعةَ c. البابَ d. عصيرَ فواكهَ e. قهوةً يمنيّةً f. مطراً مشهوراً

② a. أفضّل شاياً بلا سكّرٍ! b. هل أنتم في عطلةٍ الآن؟ c. سلّم لنا على المدرّسين! d. تعال يا شرطيّ! e. مررتم بمكتب البريد. f. هناك كثيرٌ من الوجبات اللّبنانيّة.

③ a. عندنا مشكلة كبيرة! متى يجيء الكهربائيّ؟ b. يوم أمس وصل سوّاحٌ فرنسيّون إلى هذا الفندق. c. مَن دخل المكتب؟ ما رأيتُ المديرَ العامَّ. d. خذ هذه الحقائبَ الثّقيلةَ كلَّها! هل هناك موقفُ تاكسي؟ e. اشتريتُ جريدةً جزائريّةً، وقرأتُ كثيراً عن الرّياضة. f. يجلس الضّيوفُ الضّخمون على مائدةٍ كبيرةٍ في مطعمِ صغيرٍ. g. رتّبِ الغرفةَ الواسعةَ الّتي في الطّابقِ الثّالثِ! h. هذا الرّجلُ تاجرٌ مشهورٌ في السّوقِ القديمِ.

④ a. ذهبتُ إلى المتحفِ الوطنيِّ مع صديقتينِ. b. هل رأيتَ الفيلمَ التّونسيَّ الجديدَ؟ c. في وسطِ المدينةِ يوجد دكّانٌ رخيصٌ للملابسِ. d. تحادثنا عن زملاءَ وشربنا شاياً بالنّعناعِ. e. متى عندكم الاجتماعُ مع الوكالةِ المصريّةِ؟ f. زيارةُ المدينةِ القديمةِ ممتازةٌ، عندنا مرشدٌ سياحيٌّ جيّدٌ جدّاً. g. هل تعرفينَ عريسَ أختي؟ درس أيضاً الحقوقَ. h. وصلتِ الطّائرةُ بعد سفرةٍ طويلةٍ ومتعبةٍ.

⑤ a. وصلتْ رسالةٌ مهمّةٌ من الإسكندريةِ. b. هل وجدت دليلاً جيّداً؟ c. لستُ قميصاً أسودَ. d. سافرتُ بباصٍ وبقطارٍ. e. اشترى حسن كرّاسينِ وحاسبةً. f. درّستْ عزيزة لغاتٍ شرقيّةً في جامعةٍ. g. أخذتُ قلماً من مهندسين. h. قرأنا مؤلّفاتٍ من شعراءَ سوريّينَ.

⑥ a. هذه أمورٌ صعبةٌ. b. بنى مهندسونَ عماراتٍ ضخمةً. c. زار الأطبّاءُ أشخاصاً مرضى. d. كنتُ عند بناتٍ جميلاتٍ. e. نظّف الفنّاجينَ الوسخةَ! f. طها أولادٌ طعاماً لرفقاءَ.

⑦ a. بابُ الدّارِ b. موقفُ الباصاتِ c. علبةُ السّجائرِ d. وسطُ المدينةِ e. مدرّسا الكيمياءِ f. طلّابُ كلّيّةِ اللّغاتِ g. مفتاحُ بابِ غرفتِنا h. طبّاخو مطعمِ السّمكِ

⑧ a. زوجةُ صاحبي b. عنوانُ متحفٍ c. جوازُ سفرٍ d. أبوابُ بيوتٍ e. موظّفو وزارةٍ f. أسئلةُ طالباتِ جامعةٍ g. تاريخُ وصولِ مسافرين h. مكتبُ تاجرٍ سجّادٍ

⑨ a. سائقُ السّيّارةِ b. غرفةُ النّومِ c. شجرةُ التّفّاحِ d. طبيبُ أسنانٍ e. فنجانُ قهوةٍ f. قصرُ ملكٍ g. بائعو الأزهارِ h. مديرُ بنكِ الوطنِ

⑩ a. لا أعرفُ ما اسمُ عائلةِ كريم. b. هل امتحانُ العربيّةِ صعبٌ؟ c. اكتبْ تاريخَ ولادتِكَ في هذه الوثيقةِ! d. هل رأيتِ رخصةَ قيادةٍ على طاولةِ مكتبي؟ e. اشترينا ساعةَ ذهبٍ قديمةً جدّاً. f. أمس جلستُ بجانبِ مدرّسي الولدِ.

⑯
1. c. شجر – شجرة – أشجار
2. f. بقل – بقلة – بقول
3. e. سمك – سمكة – أسماك
4. a. حبّ – حبّة – حبوب
5. g. بقر – بقرة – أبقار
6. d. غزال – غزالة – غزلان
7. b. زهر – زهرة – زهور / أزهار

⑰ a. الوردُ b. نخلاتٌ c. تمرةٌ d. أغنامٌ e. بيضُ f. الفراخُ

⑱
(1) الخضر (4) خيارة (7) فلفلتين (10) مانجو (13) زيت
(2) الفاكهة (5) خوخ (8) الفلفل (11) عنب
(3) ليمونات (6) بطاطس (9) شمّامة (12) زيتون

SOLUTIONS

⑲ كرّاستُك / كرّاستُهُ / قلمُها / غرفتِنا / مفتاحُكُم / شنطتِهم

⑳ a. لا، هذه سيّارتها. b. لا، هذا أخوهما. c. لا، سألْتُ أباكم.
d. لا، كنّا في غرفته. e. نعم، رأيتُ دفترك. f. نعم، تعرّفنا على والديك.

㉑ a. رأيتُ أباك. b. هل تعرّفتِ على حمينا؟ c. يجيء مع أبيه.
d. أين يعمل حموكم؟ e. سلّم (لي) على أخيهم! f. هل تعرف أخاها؟
g. كيف حال أبيكِ؟

9. Démonstratifs et relatifs

① a. هذان b. هذا c. هؤلاء d. هذان e. هذه f. هذه g. هاتان

② a. Où travaillent ces deux hommes ? b. J'aime les sucreries de ce magasin. c. Ces gens sont de Dubaï, n'est-ce pas ? d. Ces deux journalistes syriens écrivent pour notre journal. e. Combien de fois as-tu [m.] déjà été dans cette ville ? f. As-tu [f.] lu cet article ?
g. Est-ce que ces deux filles intelligentes étudient à l'université ?

③ a. 5. b. 4. c. 2. d. 1. e. 3.

④
هؤلاء	هاتان	هذان	تلك	هذا
أطفال	أقرباء	أذنان	دفاتر	فرنسي
جنود	طالبتان	مصباحان	قصران	قميص
مسلمون	نحلتان	نظران	قرون	مدير
	هرمان	صديقتان	ثَوْرة	مفتاح
			قصّة	

⑤ a. هاتين b. هذين c. هذا d. هؤلاء e. تلك

⑥ 1. b. 2. a. 3. b. 4. a. 5. a.

⑦ a. التي b. اللذان c. اللّتان d. الّذي e. الّذي

⑧ a. هو الصّحفيّ المشهور الّذي كَتَبَ لجريدة مدينتنا.
b. هنّ التّاجرات السّوريّات اللّواتي/اللّاتي أبرمنا عقداً معهنّ.
c. هما البنتان اللّتان جاءتا من الخرطوم.
d. هما الباحثان اللّذان يبحثان في العصر القديم.

⑨ a. يعجبني هذا الفستان الّذي اشتريتِه في باريس.
b. أفضّل تلك الأكلات اللّذيذة الّتي طلبناها.
c. وجدتُ المطعم الّذي تقصده في الإنترنت.
d. أروني الصور الّتي التقطتموها أمام الأهرام.

10. Les interrogatifs

① pourquoi (لماذا) ; quel (أيّ) ; combien (كم) ; quoi (ما) ; qui (من) ;
... ; comment (كيف) ; quand (متى) ; ...

②
ي			ي	
	ن			م
ف	ي	ك		ل
			م	ا
	ت	م		ذ
			ا	ا

a. أين b. كيف c. أيّ d. ماذا e. كم f. متى

③ 1. d. 2. c. 3. e. 4. a. 5. b.

④ a. ما b. ماذا c. ما d. ما e. ما f. ماذا

⑤ a. مع مَن تتحدّث؟ b. أيّة بنت جاءتْ؟ c. كيف أتعلّم قواعد اللّغة؟ d. متى تسافرين إلى حلب؟ e. لماذا لا تقول الحقّ؟
f. أنتَ مِن أين في سلطنة عُمان؟

⑥ a. مِن أين أنتم؟ b. ما اسمكَ؟ c. كم السّاعة؟
d. مع مَن يعمل سليم في المصنع؟ e. متى سترجعون؟
f. أين هي / ياسمينة / زوجتكَ / ...؟

11. Le verbe : généralités

① a. طبخ b. لعب c. ضحك d. مزح e. نجح f. ذهب

②
فتح	كتب	شرب	رجع	دخل
فتحْتُ	تكتب	تشربان	رجعْتَ	أدخل
فتحنا	كتبا	تشربون	رجعْتْ	تدخل
فتحتما	يكتب	شربْتْ	رجعنا	دخلْتَ
فتحتنّ	نكتب	شربْنَ	يرجعون	دخلوا

③
ك	ح	ض		
ر		ع	ل	ل ع
ه		ل		ب
	س	ب		
	ع			
	م	ه		ف

12. Le passé (l'accompli)

①
	ندم	عرف	سمع	جلس
أنا	ندمتُ	عرفتُ	سمعتُ	جلستُ
أنتَ	ندمتَ	عرفتَ	سمعتَ	جلستَ
أنتِ	ندمتِ	عرفتِ	سمعتِ	جلستِ
أنتم	ندمتم	عرفتم	سمعتم	جلستم
أنتنّ	ندمتنّ	عرفتنّ	سمعتنّ	جلستنّ
أنتما	ندمتما	عرفتما	سمعتما	جلستما

② a. هو سكن b. هي ربحتْ c. هم عملوا d. هنّ طلبْنَ
e. هما بحثْا / بحثتا f. هما نظرا / نظرتا

③ a. أنتِ b. نحن c. هم d. أنتم e. هما f. هي

④
	قطعْتَ	زرع	فهمْتِ	نزلْتُ	حرقتُ
Singulier					
Duel	قطعتا	زرعا	فهمتما		
Pluriel	قطعْنَ	زرعوا	فهمتنّ	نزلنا	حرقنا

⑤ a. طبخْتُ b. كتبْتَ c. شرب d. سكنتم e. درستِ f. رجعتْ

⑥ 1. b. 2. a. 3. c. 4. c. 5. b. 6. a.

⑦ a. فتحتَ b. دخلْتُ c. شربتم d. عملنا e. سكنتُ

⑧
ن	ل	م	ح	
ب	ل ط	ط	خ	
	ت	ز	ج	ح
	ا		ن	
ا	ق	ر	س	

⑨ a. سرقا b. خرجنا c. حملْنَ d. طلب e. نزل f. حجزتم

13. Les irrégularités de l'accompli

①
	طار	صار	سار	زاد
أنا	طرْتُ	صرْتُ	سرْتُ	زدْتُ
أنتَ	طرْتَ	صرْتَ	سرْتَ	زدْتَ
أنتِ	طرْتِ	صرْتِ	سرْتِ	زدْتِ
نحن	طرْنا	صرْنا	سرْنا	زدْنا
أنتم	طرتم	صرتم	سرتم	زدتم
أنتما	طرتما	صرتما	سرتما	زدتما
هنّ	طرْنَ	صرْنَ	سرْنَ	زدْنَ

② a. هو باع سيّارة وهي باعتْ درّاجتها.
b. نحن طرْنا إلى بيروت، وأنتما، إلى أين طرْتما؟
c. زادتْ البطالة وزاد أيضاً عدد الفقراء.
d. صاحتِ الأمّ بصوتٍ عالٍ. وأنتِ، لماذا ما صحْتِ؟
e. الأطفال خافوا من الكلب الصّغير وحتّى أمّهاتهم خفْنَ منه.

③
	قام	عاد	زار	دار
أنا	قمْتُ	عدْتُ	زرْتُ	درْتُ
أنتَ	قمْتَ	عدْتَ	زرْتَ	درْتَ
أنتِ	قمْتِ	عدْتِ	زرْتِ	درْتِ
هي	قامتْ	عادتْ	زارتْ	دارتْ
نحن	قمْنا	عدْنا	زرْنا	درْنا
أنتم	قمتم	عدتم	زرتم	درتم
هم	قاموا	عادوا	زاروا	داروا

125

SOLUTIONS

❹
a. ماذا قُلتُما أنتُما؟ b. كلَّنا صُمْنا في شهر رمضان.
c. هل زار الزملاء مكتبكَ؟ d. متى عُدتُم من جربة؟
e. في أيّة ساعة قُمتِ أنتِ اليوم؟ f. أنا دُرْتُ حول بيتكَ.

❺

Pluriel	Duel	Singulier	
nous avons été, nous étions	كُنّا		j'ai été, j'étais	كُنتُ
vous avez été, vous étiez [m.]	كُنتُم	vous (deux) avez été, vous (deux) étiez [f.]	كُنتُما	tu as été, tu étais [m.]	كُنتَ
vous avez été, vous étiez [f.]	كُنتُنَّ		tu as été, tu étais [f.]	كُنتِ
ils ont été, ils étaient	كانوا	ils (eux deux) ont été, ils (eux deux) étaient	كانا	il a été, il était	كان
elles ont été, elles étaient	كُنَّ	elles (deux) ont été, elles (deux) étaient	كانتا	elle a été, elle était	كانت

❻
a. كان الطقسُ جميلاً. b. كانت الدَّراجة سريعةً.
c. كان السّوق كبيراً. d. كانت الحقيبة ثقيلةً. e. كان القطُّ صغيراً.

❼
a. أنا كُنتُ في مصر. b. أنتَ كُنتَ مشغولاً جداً.
c. هل أنتِ كُنتِ في البيت؟ d. الباب كان مفتوحاً. e. أين كانت ابنتكَ؟
f. نحن كُنّا تلاميذ. g. هل أنتم كُنتُم سعيدين؟
h. أنتنَّ كُنتنَّ طبّاخات، أليس كذلك؟ i. هم كانوا في بيت حسين.
j. البنات كُنَّ جميلاتٍ جداً.

❽
a. كان عندنا صديقة كويتيّة. b. كان عندهم عائلة كبيرة.
c. كان لديه شنطة خفيفة. d. هل كان عندكَ وقت اليوم؟
e. كان لدينا شقّة مفروشة في باريس. f. كان عندكَ كبريت.
g. كان لي ثلاثة أولاد. h. هل كان عندكما كلاب؟

❾
a. دعوتُ b. شكونا c. رجوتم d. دعا e. رجتْ f. شكوتُ

❿
a. بكيتُ b. رميتم c. مشينا d. رميتِ e. جرتْ f. بكوا g. رميتِ

⓫
a. نسيتُ اسمكِ. b. هل لقيتم أمّي؟ c. هي بقيتْ في تونس.
d. رضينا بالمشروع. e. نسيتُما أمتعتكما. f. هل لقيتَ مدير البنك؟

⓬
1. a. 2. b. 3. b. 4. b. 5. a.

⓭

	دلّ	شكّ	قصّ
أنا	دللتُ	شككتُ	قصصتُ
أنتَ	دللتَ	شككتَ	قصصتَ
نحن	دللنا	شككنا	قصصنا
أنتم	دللتم	شككتم	قصصتم
هي	دلّتْ	شكّتْ	قصّتْ
هم	دلّوا	شكّوا	قصّوا
هنّ	دللنَ	شككنَ	قصصنَ

⓮
a. ردَّ b. ردَّتْ c. ردَدْتَ d. ردَدنا e. ردَدْنَ

⓯
1. b 2. e 3. a 4. c 5. d

⓰
a. أنتَ b. نحن c. أنتم d. هما e. أنتما f. هم

⓱
a. أخذتْ b. أكلتم c. سمنّا d. أمر e. جرَوْتُ

⓲
a. ماذا سألتُم أنتم؟ b. كلَّنا سمنّا من الحرارة.
c. هل قرؤوا هم جريدة اليوم؟ d. متى بدأتُما أنتما دروس الجامعة؟
e. نحن أملْنا أنْ يكون الطقسُ غير حارٍّ اليوم.

14. Le présent (l'inaccompli)

❶
a. (هو) يدفع b. (هي) تركب c. (هم) يعملون d. (هنّ) يشربنَ
e. (هما) يجمعانِ / تجمعانِ

❷
a. هو b. نحن c. هم d. أنتنَّ e. أنا f. أنتِ

❸

تبع	علم	فتح	لبس	
أتبع	أعلم	أفتح	ألبس	أنا
تتبع	تعلم	تفتح	تلبس	أنتَ
تتبعين	تعلمين	تفتحين	تلبسين	أنتِ
تتبعون	تعلمون	تفتحون	تلبسون	أنتم
تتبعنَ	تعلمنَ	تفتحنَ	تلبسنَ	أنتنَّ
تتبعان	تعلمان	تفتحان	تلبسان	أنتما

❹

أبحث	تسرق	يفهم	تصنع	Singulier
نبحث	تسرقان تصنعان	يفهمان	تقطعان	Duel
	تسرقون	يفهمون	تصنعنَ	Pluriel
			يقطعن	

❺
a. تفعل b. تفعل c. يفعل d. يفعل e. أفعل f. تفعل

❻
a. مَن يكسر الفنجان؟ b. هل تحمل الحقيبة؟
c. الأمُّ تغسل الملابس، أليس كذلك؟ d. المهندسون يجلسون دائماً هنا.
e. هل يعرفان هما كم عمركَ؟ f. أنا أنزل صباحاً من الجبال.
g. نحن نرجع بالطّائرة.

❼

ت	ع	ر	ف	ي
ن	ز	ل		ك
ن	ا	ج	ل	س
		ت		ر
	ن	ح	ر	ق
		ز	ف	

❽
a. يدخل b. تسكن c. نكتب d. يدرس e. أرقص f. تهربينَ g. ينظر

❾
a. يوم السّبت تدرس فاطمة وسميرة اللّغة الفرنسيّة.
b. يوم الأحد يلعب حسين وخالد التّنس.
c. يوم الإثنين تذهب أمّي إلى السّوق.
d. يوم الثّلاثاء نطبخ أنا وأخي الكسكس.
e. يوم الأربعاء تركبون أنتم حصانكم.
f. يوم الخميس ترسمنَ أنتنَّ لوحاتٍ جميلةً.
g. يوم الجمعة هما يسمعان / تسمعان موسيقى شرقيّة.

❿
a. تذهب b. يدرس c. تفهمين d. نبحث e. تشربون

15. Les irrégularités de l'inaccompli

❶

مرَّ	قصَّ	شكَّ	ظنَّ	دلَّ	
أمرُّ	أقصُّ	أشكُّ	أظنُّ	أدلُّ	أنا
تمرّين	تقصّين	تشكّين	تظنّين	تدلّين	أنتِ
يمرُّ	يقصُّ	يشكُّ	يظنُّ	يدلُّ	هي
تمرُّ	تقصُّ	تشكُّ	تظنُّ	تدلُّ	هي
تمررنَ	تقصصنَ	تشككنَ	تظننَ	تدللنَ	أنتنَّ
يمررنَ	يقصصنَ	يشككنَ	يظننَ	يدللنَ	هنَّ

❷
1. b 2. a 3. c 4. b

❸

وقع	وضع	ودع	
أقع	أضع	أدع	أنا
تقع	تضع	تدع	أنتَ
تقعين	تضعين	تدعين	أنتِ
نقع	نضع	ندع	نحن
تقعون	تضعون	تدعون	أنتم
يقعنَ	يضعنَ	يدعنَ	هنّ

❹
a. وثب ← هما b. ولد ← هي c. ودع ← أنتِ
d. وجد ← أنتما e. وقع ← هم f. وصل ← أنتنَّ

❺
a. هل تصف لك المشكلة؟ b. أين تضعون حقائبي؟
c. يزن البقّال الخضر. d. حميد وزينب يرثانِ بيت جدّه.
e. هل يقف القطار في مدينتنا؟ f. تعد بسيّارة جديدة.

❻

ت	ز	و	ر	
ق		ع		
و		و		
م	ي	د		
ن			د	
	ق	ل	ن	

❼
a. تصمنَ b. تقومينَ
c. نقول d. أعود e. تزور
f. يدور

❽
a. يبيع b. تصبح
c. يذوب d. يزيد
e. أصير

SOLUTIONS

16.
a. أكون b. تكون c. تكونون d. يكون e. يكونان f. يكنَّ

17. L'inaccompli apocopé

1.
a. تشربوا b. يذهبوا
c. ترجعي d. تنزلا e. تدخلا
f. ترسمْ g. يدرسْ

2.

	شرب	فعل	كتب
أنا	أشربْ	أفعلْ	أكتبْ
أنتَ	تشربْ	تفعلْ	تكتبْ
أنتِ	تشربي	تفعلي	تكتبي
هو	يشربْ	يفعلْ	يكتبْ
هي	تشربْ	تفعلْ	تكتبْ
نحن	نشربْ	نفعلْ	نكتبْ
أنتم	تشربوا	تفعلوا	تكتبوا
هم	يشربوا	يفعلوا	يكتبوا
أنتنّ	تشربن	تفعلن	تكتبن
هنّ	يشربن	يفعلن	يكتبن
أنتما	تشربا	تفعلا	تكتبا

3.
a. يبعْ b. تزرْ
c. يصوموا d. تنمْ
e. يبدوا / تبدوا f. ترجيا
g. يذبَنَ h. أبقَ

4. a. أنتِ b. هو c. نحن d. هنَّ e. أنتم f. أنا g. أنتما / هما h. هم

18. L'impératif

1.
a. أدخلوا البيت (يا شباب)! b. إرقصي الفالس (يا ليلى)!
c. إغسلن الملابس (يا بنات)! d. إنزلي بالمصعد (يا سميرة)!
e. إبحثا عن شقّة (يا علي ومريم)! f. أطبخْ العشاء (يا فؤاد)!
g. إضحكوا (يا أطفال)!

2.

	نظر	شرب	رجع
أنتَ	أنظرْ	إشربْ	إرجعْ
أنتِ	أنظري	إشربي	إرجعي
أنتم	أنظروا	إشربوا	إرجعوا
أنتنّ	أنظرن	إشربن	إرجعن
أنتما	أنظرا	إشربا	إرجعا

3. a. 5. b. 6. c. 2. d. 3. e. 1. f. 4.

4.
1. c. 2. e. 3. d. 4. h.
5. b. 6. a. 7. g. 8. f.

5.
a. إجروا بسرعة! b. إمشيا على طول! c. إنسَيْن جميع المشاكل!
d. نامي على الأريكة! e. إقرأ بصوت عالٍ! f. تعالَ غداً!

19. La négation

1.
a. لا، ما وصلتُ بالباص، وصلتُ بالقطار.
b. لا، ما غسل قميصاً، غسل سترة.
c. لا، ما درستُ اللّغة التّركيّة، درستُ اللّغة العربيّة.
d. لا، ما سبحنا في النّهر، سبحنا في المسبح.
e. لا، ما قرأتُ جريدة اليوم، قرأتُ فقط مجلّة عن السّينما.
f. لا، ما لعبوا كرة القدم، لعبوا كرة السّلّة.

2. a. ما كنتُ مريضاً. b. ما كنت في الفندق. c. ما كانت سمينة.
d. ما كنّا مهذّبين. e. ما كنتم في العطلة. f. ما كنّ وسيمات.

3. a. 2. b. 5. c. 3 d. 1. e. 6. f. 4.

4. a. لم أمرَّ بالمتحف الوطنيّ. b. لم يكتبْ كتاباً عن التّاريخ العربيّ.
c. لم ندفعْ ببطاقة الائتمان. d. لم تشربوا فقط ماءً معدنيّاً.
e. لم يأكلوا وجبات شرقيّة.

5. 1. b. 2. a. 3. b. 4. c. 5. a.

6.
a. لا أقرأ كلّ يوم الجريدة الوطنيّة.
b. لا تسكن في بيت كبير في وسط المدينة.
c. لا يعمل فؤاد في مكتب البريد. d. لا تدرس سميرة الآداب العربيّة.
e. لا نكتب رسالة لأصدقائنا السّوريّين.
f. لا تفهمون فقط الفرنسيّة والإنكليزيّة.

7. 1. a. 2. b. 3. c. 4. c. 5. a.

8. a. لا تجري بسرعة! b. لا تقرأوا التّمرين! c. لا تنتظروا مَن أمام الباب!
d. لا تأخذنَ النّقود! e. لا تجلسا على الأريكة!

9. a. لا تأكلْ الطّعام! b. لا تمشي في الشّارع! c. لا تشكّوا ما أقول!
d. لا تنمْ في المكتب! e. لا تنسَ هديتي! f. لا تردّا حالاً!

10. a. لا تَسْمَعْ هذه الموسيقى الحزينة! b. ما زرتُ خالي من زمن طويل.
c. لم تنجحْ في الامتحان. d. لا تنامُ طويلاً اليوم. e. لا ينبحْ كلب الجيران.
f. ما باع يوسف ناقته.

9.
a.

	Accompli	Inaccompli
أنا	طفتُ	أطوف
أنتَ	طفتَ	تطوف
أنتِ	طفتِ	تطوفين
هو	طاف	يطوف
هي	طافت	تطوف
نحن	طفنا	نطوف
أنتم	طفتم	تطوفون
هم	طافوا	يطوفون

b.

	Accompli	Inaccompli
أنا	طرتُ	أطير
أنتَ	طرتَ	تطير
أنتِ	طرتِ	تطيرين
هو	طار	يطير
هي	طارت	تطير
نحن	طرنا	نطير
أنتم	طرتم	تطيرون
هم	طاروا	يطيرون

c.

	Accompli	Inaccompli
أنا	ملتُ	أميل
أنتَ	ملتَ	تميل
أنتِ	ملتِ	تميلين
هو	مال	يميل
هي	مالت	تميل
نحن	ملنا	نميل
أنتم	ملتم	تميلون
هم	مالوا	يميلون

11. 1. c. 2. b. 3. c.
4. a. 5. b. 6. c.

12. a. نرضى b. يرمي
c. تمشي d. تلقين
e. أشكو f. تدعين

13. a. آسف b. آكل
c. تقرئين d. تبدوون
e. يبدأن

10.

	خاف	نام
a. أنا	أنا أخاف	أنا أنام
b. أنتَ	أنتَ تخاف	أنتَ تنام
c. أنتِ	أنتِ تخافين	أنتِ تنامين
d. هو	هو يخاف	هو ينام
e. هي	هي تخاف	هي تنام
f. نحن	نحن نخاف	نحن ننام
g. أنتم	أنتم تخافون	أنتم تنامون
h. أنتنّ	أنتنّ تخفن	أنتنّ تنمن
i. هم	هم يخافون	هم ينامون
j. هنّ	هنّ يخفن	هنّ ينمن
k. أنتما	أنتما تخافان	أنتما تنامان
l. هما	هما يخافان / تخافان	هما ينامان / تنامان

14.

	بدا	ملأ
أنتِ	تبدين	تملئين
أنتم	تبدون	تملؤون
هم	يبدؤون	يملؤون
هنّ	يبدأن	يملأن
أنتما	تبدآن	تملآن
هما [m.]	يبدآن	يملآن

16. Le futur

1. 1. f. 2. e. 3. h. 4. a. 5. g. 6. c. 7. b. 8. d.

2.
a. سنحضر / سوف نحضر معرضاً اقتصاديّاً في باريس.
b. سأشرب / سوف أشرب قهوة في مقهى شرقيّ.
c. هو سيزور / سوف يزور أصدقاءنا من بغداد.
d. ستذهب / سوف تذهب معي إلى محطّة القطار؟
e. ستدفعون / سوف تدفعون الفاتورة غداً، أليس كذلك؟
f. سيطبخنَ / سوف يطبخنَ لكم كباباً للغداء.
g. ستلعبين / سوف تلعبين الشّطرنج ضدّ أختي.
h. ستركان / سوف تتركان العمل في البنك الوطنيّ.

3.
a. يوم السّبت سأدرس / سوف أدرس اللّغة العربيّة.
b. يوم الأحد سألعب / سوف ألعب كرة السّلّة.
c. يوم الاثنين سأذهب / سوف أذهب إلى السّينما.
d. يوم الثّلاثاء سأزور / سوف أزور الأقارب.
e. يوم الأربعاء سأحضر / سوف أحضر حفلة موسيقيّة.
f. يوم الخميس سألقي / سوف ألقي سميرة على العشاء.
g. يوم الجمعة سأكتب / سوف أكتب روايات.

4. a. تذهبون b. ترجع c. سأنزل d. نمشي e. ستعمل f. سيقرأ

5. a. نحن نكون في العطلة. b. أنتِ تكونين غنيّة. c. أنتما تكونان سعيدين.
d. هم يكونون محبوبين. e. هل تكون نادية موجودة؟ f. هما يكونان عاقلين.
g. أنتنّ تكنّ في الجزائر.

127

SOLUTIONS

Bravo, vous êtes venu à bout de ce cahier ! Il est temps à présent de faire le point sur vos compétences et de comptabiliser les icônes afin de procéder à l'évaluation finale. Reportez le sous-total de chaque chapitre dans les cases ci-dessous puis additionnez-les afin d'obtenir le nombre final d'icônes dans chaque couleur et découvrez vos résultats !

1. L'écriture
2. La vocalisation
3. La racine
4. L'article
5. Le nom et l'adjectif
6. Le pluriel
7. Les cas grammaticaux
8. Les pronoms personnels
9. Démonstratifs et relatifs
10. Les interrogatifs

11. Le verbe : généralités
12. Le passé (l'accompli)
13. Les irrégularités de l'accompli
14. Le présent (l'inaccompli)
15. Les irrégularités de l'inaccompli
16. Le futur
17. L'inaccompli apocopé
18. L'impératif
19. La négation

Total, tous chapitres confondus

Vous avez obtenu une majorité de...

😀 ممتاز ! **Super !**
Vous maîtrisez maintenant les bases de l'arabe standard, vous êtes fin prêt !

😐 وسط! **Pas mal !**
Mais vous pouvez encore progresser… Refaites les exercices qui vous ont donné du fil à retordre en jetant un coup d'œil aux leçons !

☹ محاولة ثانية! **Persévérez !**
Vous êtes un peu rouillé… Reprenez l'ensemble de l'ouvrage en relisant bien les leçons avant de refaire les exercices.

Crédits iconographiques
Shutterstock : -Albachiaraa- : 7h, 35h ; A Aleksii : couverture picto 2 ; A-R-T : 102h ; Aleutie : 22md ; angkrit : 87 ; ankomando : 12m, 65 ; Anna Frajtova : 43h ; Anthony Krikorian : 112b ; arbit : 32bm, 48m ; artbesouro : 7bg ; Artisticco : 39 ; atalia Aggiato : 10hg ; Athanasia Nomikou : 121b ; Azaze11o : 51b, 95b, 99b ; Beresnev : 91 ; Blablo101 : 71m, 75b ; Boguslaw Mazur : 82h ; Bon Appetit : 15h ; BSVIT : 112h ; Chernoskutov Mikhail : 42h, 73h ; Christos Georghiou : 90b, 105m ; cmgirl : 66bd ; Comodo777 : 69h ; Creatarka : 36g, 46h ; creativel : 22mg ; Crystal Eye Studio : 31h ;dashadima : 54b ; Dashikka : 97m ; Delices : 26m ; deviyanthi79 : 29b ; djdarkflower : 6m ; Dooder : 71h ; Ellagrin : 13b, 67 ; Ellegant : 86m ; Evellean : 14b, 49b ; file404˚ : 51m, 62h, 70 ; Filip Bjorkman : 110 ; forden : 49m ; frees : 68 ; getfile : 16, 46b ; graphic-line : 42m ; gst : 109 ; Gurza : 8b ; happymay : 54h ; Helen Cingisiz : 101 ; Ho Yeow Hui : 66bg ; Iconic Bestiary : 19m, 21b, 4h ; Incomible : 113, 114 exo 3-2, 15b, 19b, 22b, 25h, 97b ; Ingka D. Jiw : 106h ; jesadaphorn : 10b, 10hd, 26h, 33m, 3b, 83, 89, 106b, 116h, 120b, ; jorgen mcleman : 30m, 59b ; Julia Tim : 44m ; KateDemianov : couverture picto 10 ; kmImtz66 : 114h, 60h ; kuzzie : 21h ; kyuree : 54m ; laraslk : 27m ; Leszek Glasner : 38m ; Lyudmyla Kharlamova : 25m, 6b, 8h ; Mackey Creations : 69m ; Macrovector : 5, 9b, 12h, 13m, 20d, 34, 3h, 47mg, 53g, 58b, 63b, 75h, 77, 82h, 94, 100m, 102bg, 103, 104, 115, 116b, 121h, ; MakaCz : 42b ; Margarita Levina : 48b ; Maria Zainoullina : 56b ; mariartika : 18b, 23, 96b ; Marish : 57h, 93h, 111 ; Mascha Tace : 78b, 86b, 117h ; Matrioshka : 114 exo 3-5 ; Max Griboedov : 29h ; mayrum : 18m ; McVectors : 102bd ; Meilun : 11m ; Melica : couverture picto 3, couverture picto 4, couverture picto 6, couverture picto 7, couverture picto 9 ; Memo Angeles : 114 exo 3-6 ; mghstars : 45hd ; mhatzapa : 93m ; microvector : 20g, 24h, 73b, 76 ; mirrra3 : 57b ; Mix3r : 84h ; mmar : 19h, 22b, MyClipArtStore.com : 28, 32bd ; Naddya : 12b ; Nadja Niederer : 25b ; narcisse : couverture picto 1, couverture picto 8 ; Natalia Aggiato : 50m ; NataliyaF : 37b ; Naty_Lee : 51hg ; newcorner : 114 exo 3-1 ; Nikiteev_Konstantin : 32bg ; Olga1818 : 100b, 120h,14h, 17, 31b, 44b, 45b, 4b, 50b, 55b, 58m, 59h, 62b, 81h ; olillia : 11h, 21m, 60b ; Orion-v : 108 ; Oxy_gen : 13h, 80md ; Padma Sanjaya : 52h ; Palau : couverture picto 5 ; Pan JJ : 55h ; phipatbig : 10m, 80mg ; phloxii : 95h ; Rainbow-Pic : 8m ; rassco : 32m ; Reljic Aleksandra : 7h ; Rimma Rii : 78m ; Romashechka : 45hm ; Rudie Strummer : 90h ; Sashatigar : 53d ; sayhmog : 11b ; Sentavio : 38b, 41, 105b, 119 ; Sibiryanka : 26b ; sir.Enity : 52b, 85 ; SlyBrowney : 114 exo 3-4, 27h, 43m ; solgas : 74 ; St22 : 47md ; Studio Barcelona : 37mg ; Tarikdiz : 43b ; Tetiana Maltseva : 63m ; Tomacco : 107 ; toyotoyotoyo : 84b ; tumasia : 6h ; valeriya_sh : 114 exo 3-3 ; vasabii : 46m, 47m ; venimo : 36d, 56h, 61, 64, 72 ; wibowo : 81m ; yoshi-5 : 118 ; Yurchenko Yulia : 97h ; Yuyula : 9h, 45m ; Yuzach : 69b ; Ziven : 33h ; zzveillust : 35b – **Vecteezy :** 24b, 88b, 96h, 99h – **DR :** 7bd, 30b, 117h ; eatcute : 82b ; ekler : 37md

Conception graphique : MediaSarbacane	© 2016 Assimil	ISBN : 978-2-7005-0660-0
Mise en pages : Élodie Bourgeois pour Céladon éditions	N° d'édition : 3610	Imprimé en Slovénie par DZS Grafik
Réalisation : Céladon éditions, www.celadoneditions.com	www.assimil.com	Janvier 2017